I.S.B.N.: 978-84-19887-56-6
Depósito Legal: TO-73-2025
© del texto: Julio Porres Martín-Cleto
© de la edición: Editorial Ledoria-Jesús Muñoz Romero
EDITORIAL LEDORIA - JESÚS MUÑOZ ROMERO
Calle de la Fuente del Moro, núm. 6, 1º A
Toledo, 45006
Tno. 636 56 03 70
Calle del Conde de Casal, núm. 47
Las Ventas con Peña Aguilera (Toledo)
info@editorial-ledoria.com

JULIO PORRES MARTÍN-CLETO

HISTORIA DE
TULAYTULA
(711 - 1085)

ABREVIATURAS

A.H.D.E.: Anuario de Historia del Derecho Español.
B.R.A.B.A.C.H.T.: Boletín de la Real Academia de Bellas Artes y Ciencias Históricas de Toledo
B.R.A.H.: Boletín de la Real Academia de la Historia
C.H.E.: Cuadernos de Historia de España

INTRODUCCIÓN

Hace años que notamos la falta de una historia de la etapa musulmana (711 - 1085) de Toledo. Pero quizá porque en la ciudad no hayan nacido arabistas que deseen escribirla, o porque no hayan creído interesante esta tarea; quizá porque los especialistas de esta época de al-Andalus han fijado su atención, sobre todo, en Córdoba y en sus zonas de influencia inmediata; tal vez porque exista la impresión de que en Toledo no se desarrollaron acontecimientos de gran interés, el resultado es que tan solo referencias marginales y aisladas se publican de la historia de la capital de la Marca Media.

Creemos, pese a todo ello, que tal estudio es necesario, por lo que en varias ocasiones hemos sugerido a los especialistas que lo realizaran, todo lo completo y fiable que permitieran las fuentes. Pero sin resultado.

Y el caso es que hay bastantes noticias sobre la época, pues los cronistas cristianos y los musulmanes mencionan a Toledo y a sus alrededores con relativa reiteración. Las batallas que aquí se dieron, las rebeldías casi constantes de los toledanos, los personajes más o menos importantes que nacieron o actuaron aquí o los que luego brillaron en Córdoba o en otros lugares, aparecen con bastante abundancia. Sorprende por ello que nadie se haya ocupado de recoger tales datos y comentarlos, desde que el historiador local Martín-Gamero se lanzase a hacerlo, dentro de las limitaciones propias de su época, en la cual los arabistas hispanos se contaban con los dedos de una mano -y sobraban dedos- y que del extranjero tampoco llegaban a España demasiadas obras fiables, con la excepción de los trabajos de Dozy, hoy también superados en parte.

Claro es que los cultivadores de la historia musulmana de la Península proporcionan, con frecuencia, noticias sobre Toledo; basta leer a Levi-Provençal para comprobarlo. Medievalistas tan destacados como Sánchez-Albornoz han dedicado páginas que creemos definitivas sobre temas tan importantes para la ciudad como la batalla del Guadacelete. Elías Terés ha escrito, entre otros trabajos, un excelente artículo sobre el desarrollo de la cultura árabe en Toledo, mientras que la tesis doctoral de Abdul Mayid Naanahi, estudia la familia de los Banu Di l-Nun, los célebres reyes de taifas de la ciudad. Estudios todos ellos de gran valor, pero que no llenan la aspiración que expusimos al comienzo.

Pues bien, a falta de especialistas que la lleven a cabo, nos hemos decidido a una sencilla tarea: recopilar las noticias sobre Tulaytula, ya publicadas por arabistas, por medievalistas o por historiadores en general, escogiendo los datos que parezcan más seguros y previo un contraste entre varias opiniones cuando (lo que no es infrecuente) discrepen entre sí los que los hallaron. Discrepancias que no sólo se deben a que las fuentes musulmanas, o éstas comparadas con las cristianas, se contradicen también, sino porque los máximos historiadores tampoco están de acuerdo en bastantes ocasiones. Son sobradamente conocidas las discusiones eruditas entre Levi-Provençal y Sánchez Albornoz, por ejemplo. Y si ellos discrepan, no es raro que la última verdad esté todavía por averiguar.

Bien, seguro que éste es un problema más frecuente de lo que parece, y no sólo por lo que respecta a materias de Historia medieval. No nos compete desde luego decidir, sino esperar a que nuevas investigaciones iluminen mejor las zonas oscuras. Pero de momento sí es factible esta sencilla labor artesanal de recopilar las noticias ya publicadas, aunque puedan ser rectificadas o ampliadas en el futuro; y recoger, si hay discrepancias serias, las fuentes que dan una u otra versión, hilvanando luego todo el conjunto.

Aunque con ello haya de seguirse el sistema de un viejo cronicón, lista de sucesos aislados y concretos, a veces sin conexión conocida entre ellos pero que al menos reúnen y hacen manejable lo ya conocido sobre el tema. Otros, sin duda, podrán aumentar los hilos o tejer mejor el tapiz de esta historia.

De momento, y casi como un fichero comentado de noticias sueltas, se recogen estas breves, incompletas y tal vez algunas ya invalidadas, notas sobre Tulaytula*.

_____

* Parece obvio advertir que estas páginas tratan sólo de historia local. Para relacionarlas con la historia general de España en los tres siglos a que se refieren, explicándose así los sucesos que, por su origen o sus consecuencias, no tienen cabida aquí, recomendamos las obras de L. Suárez Fernández, *Historia de España antigua y medieval*, Madrid, Rialp, 1976, I, pp. 127 a 500, y Derek W. Lomax, *La Reconquista*, Barcelona, Crítica, 1984, capítulos 1 y 2.

Baño de la Cava

El Baño de la Cava antes de ser restaurado

Año 711

"Julián dijo a Tariq: Ya has dispersado el ejército de esta gente y los has llenado de miedo. Dirígete contra su capital, para lo cual estos compañeros míos te servirán de guías, y divide tu ejército con ellos en las diferentes comarcas, debiendo tú marchar a Toledo, donde está la gente principal, a fin de no darles tiempo de que miren por sí y adopten una resolución. Tariq... mando a Moguits Ar Romí... a Córdoba, que era de las mayores ciudades de los godos, con 700 caballeros... y él, con la mayor parte del ejército, marchó hacia la cora de Jaén, en dirección a Toledo". (Al-Maqqari: *Conquista de España por los árabes,* I, pp. 156 y ss. Traducción de E. Lafuente Alcántara, 1867, pp. 180-181).

Un día comprendido entre el 19 y el 26 de julio (tal vez el 23) del año 711, el ejército visigodo era derrotado en Wadi Lacca (Guadalete) por un nutrido grupo de árabes y beréberes mandados por Tariq ben Ziyad, lugarteniente de Musa ben Nusayr. Muerto en la batalla Rodrigo, rey legítimo de los godos, gracias a la defección de los witizanos, el colaborador musulmán de quien esperaban que entregara el trono de Toledo a los jóvenes hijos de Witiza se convirtió en conquistador para un califa lejano. Y auxiliado y guiado por los que traicionaron a su rey, contando además con la colaboración de los hebreos oprimidos, comenzará una serie de triunfos militares espectaculares que cruzará la vieja Hispania, desde Gibraltar hasta Astorga y Zaragoza. Sucesores suyos llegarán, una treintena de años después, hasta Burdeos.

Algunos partidarios del monarca caído opusieron, sin embargo, resistencias de mayor o menor dureza, aunque muchas veces llegaron a capitulaciones relativamente ventajosas. Así se produjo otra batalla entre el ejército visigodo todavía fiel, reorganizado después de Wadi Lacca, y las fuerzas de Tariq, ante la plaza fuerte de Écija. Vence éste de nuevo y, siguiendo los consejos del oscuro personaje que conocemos como Julián, Olbán o Yulian, envía un destacamento hacia Córdoba, guiado otra vez por witizanos y mandado por Mugit al-Rumi, siguiendo él hacia Toledo con el grueso de su ejército[1].

Aunque se ha afirmado con frecuencia que el propio Tariq dirigió el asedio y conquista de Córdoba, tanto Sánchez-Albornoz[2] como E. de Santiago[3] estiman más seguro que, tras el asedio y rendición de Écija, Tariq siguió desde luego hasta Córdoba, pero no se detuvo en su alfoz, destacando solamente un grupo de caballería que se parapetó en los bosques junto a Secunda. Tanto el *Fath al-Andalus* como Ibn al-Sabbat recogen

[1] *Ajbar Maymu'a*, "Colección de obras arábigas de Historia y Geografía que publica la Real Academia de la Historia", I, Madrid, 1867, p. 23.
[2] C. Sánchez-Albornoz: "Itinerario de la conquista de España por los musulmanes", en *Cuadernos de Historia de España*, X, 1948, p. 34.
[3] E. de Santiago: "Los itinerarios de la conquista musulmana de Al-Andalus a través de una nueva fuente: Ibn al-Sabbat", en *Cuadernos de Historia del Islam*, 3, 1971, pp. 58-59.

la anécdota del pastor que indicó a los musulmanes, guiados por Mugit, una brecha en la muralla cordobesa que les permitió entrar porsorpresa en la ciudad[4], sitiando luego su alcázar durante varios meses; mientras, el grueso del ejército invasor continuó su rápida marcha hasta Toledo, siguiendo la ruta marcada por la vieja calzada romana que unía la metrópoli de la Bética con la capital del reino. Tal decisión, la más sensata desde el punto de vista militar, es también relatada por Ibn Hayyan: "El primer conquistador árabe, Tariq b. Ziyad, se apresuró a conquistar Toledo, en los primeros momentos favorables de la conquista, con el triunfo del islam y la gloria de su pía religión, ya que las sediciones de su gente [alude a los visigodos partidarios de Witiza] los había desunido y disminuido su número"[5].

Bien por Mentesa o pasando por Jaén, lo más seguro parece que Tariq continuó su avance hacia Toledo. Tomada Mentesa, cabeza de un obispado dependiente del metropolitano de Toledo, seguiría por el campo de Montiel, Alhambra y Consuegra (donde se conservan viejas leyendas sobre ello, por cierto), siguiendo la antigua calzada que, por el puerto de Orgaz y Ajofrín[6], llegaba a Toledo junto al castillo de San Servando, buscando el único paso seguro del Tajo: el puente, también romano, que los propios árabes titularán simplemente al-Qantara[7].

La entrada en Toledo, pese a la fortaleza de la ciudad, no debió ofrecer dificultades. No solo habían huido muchos de sus habitantes, empezando por el metropolitano Sinderedo, que actuando "no como un pastor sino como un mercenario, abandona las ovejas de Cristo... y se marcha a Roma"[8], sino que parece que se acordó una capitulación de la ciudad con el propio Tariq, acuerdo que luego no respetó Musa, pese a

---

[4] "Ocultáronse [Tariq y sus tropas, o Mugit] al lado del río, junto a Secunda, en un espeso bosque de alerces; algunos adalides se adelantaron y cogieron a un pastor, el cual, interrogado, dijo que la gente principal de Córdoba se había marchado a Toledo, quedando sólo allí el gobernador con 400 caballeros, encargados de la defensa de la ciudad y la gente inútil (Al-Maqqari: *Analectes*, edic. de Lafuente Alcántara, *op. cit.* p. 181). "Cuenta al-Hichari , en *Mohsib*, que conquistó Córdoba en julio-agosto de 711 y, después de tres meses de sitio, la iglesia en la que se había fortificado el señor de Córdoba, en octubre-noviembre de 711" (*Ibid.*, p. 194).

[5] *Al-Muqtabis*, V, p. 183, trad. de Mª Jesús Viguera y F. Corriente, Zaragoza, 1981, p. 209.

[6] Sánchez-Albornoz: *Itinerario...,op. cit.*, pp. 36-37.

[7] El Tajo "...pasada esa angostura [se refiere a Bolarque] se ensancha y su curso se hace más regular, hasta llegar a la puerta de Toledo por la parte del oriente estival, y se desvía hacia el sur, metiéndose allí por debajo de su portentoso puente de un solo ojo, para torcer totalmente del sur al poniente invernal casi dos tercios de círculo..." (Sa'id B. Said, cadí de Toledo: descripción de la ciudad recogida por Ibn Hayyan de Córdoba: *Muqtabis*, V, *op. cit.*, par. 185, p. 211. En esta versión los traductores consignan, por no lograr identificarlo, "Q.larq" que, indudablemente, es Bolarque.

[8] *Crónica mozárabe de 754*, edic. y traduc. de J. E. López Pereira, Zaragoza, 1980, p. 71.

haber intervenido en ella el obispo Opas, hijo de Egica[9], encomendándose su custodia a los hebreos, colaboradores del invasor en otras ciudades de la Bética[10]. Varias fuentes, encabezadas por la *Crónica Profética*, dan como fecha de la conquista el 11 de noviembre de 711, día de San Martín[11]. Tariq, por su parte, siguió su avance hacia el norte, probablemente por Buitrago, en dirección a Guadalajara; después "se dirigió a la montaña, pasándola por el desfiladero que tomó su nombre... Llegó después a la ciudad de Amaya, donde encontró alhajas y riquezas...volviendo a Toledo en el año 93" (19-10-711 a 6-10-712)[12].

Otra versión, recientemente publicada, indica que Tariq hizo salir a todos los cristianos de Toledo (dejando, pues, a los hebreos), los que se habían refugiado en una ciudad tras de un monte llamado "Mesa de Tariq"; dejó en la capital a uno de sus hombres (suponemos que con algunas tropas) y siguió hacia Guadalajara[13].

Los hallazgos de objetos valiosos en Toledo, sede de la monarquía visigótica y depósito habitual del tesoro regio, tuvieron que ser muy importantes. Parte de ellos se escondieron, no sabemos por quién ni cuando, en Guarrazar, de cuyo conjunto de piezas se conservan hoy una parte de las famosas coronas y se sabe del hallazgo junto a ellas de objetos litúrgicos, algunos fundidos por los que los encontraron[14]; pero de otros de mayor valor se hacen lenguas los cronistas musulmanes. Especialmente, de la famosísima "Mesa de Salomón", que fue llevada por Musa al califa al-Walid y de la cual, pese a su nombre, dice al-Maqqari que no procedía del rey hebreo, sino que se había formado con legados testamentarios de personajes adinerados, sirviendo para colocar en ella y ex-

---

[9] "...atque Toledo urbem regiam usque inrupendo adyacentes regionem pace prandifica male diververans" (*Ibid.*) Repite esta noticia Jiménez de Rada (*De rebus Hispaniae,* IV, 3) y lo acepta P. Chaimeta en "Concesiones territoriales en Al-Andalus", en *Cuadernos de Historia de España,* 6, 1975, p. 12. El incumplimiento por Musa de la paz concertada con la mediación de Oppa, en la misma *Crónica:* "...condena al patíbulo a algunos ancianos nobles, que aún quedaban después de haber huido de Toledo, y los pasa a espada a todos con su ayuda" (de Oppa). Debió encontrarlos fuera ya de Toledo, huyendo de la ciudad, aunque el texto es oscuro desde luego. Lógicamente serían rodriguistas, no witizanos.

[10] Al-Maqqari, I, trad. Lafuente Alcántara en *Ajbar Maymu'a, op. cit.,* p.184: "...reunieron a los judíos y los dejaron en la ciudad, con algunos soldados y continuó [Tariq] su camino, en persecución de los que habían huido de Toledo..." J. Orlandis: *La España visigoda,* Madrid, 1977, pp. 83 y 177. Destaca este autor la existencia de hebreos en Toledo ya a comienzos del siglo VII, pues el obispo Aurasio (603-615) se quejó de que Froga, tal vez el *comes civitatis Toletanae* entonces, les favorecía abiertamente. Abundaban más, sin embargo, en Tucci, Mentesa y Córdoba (*loc. cit.*).

[11] Sánchez-Albornoz: *Itinerario..., op. cit.,* p. 45, citando a M. Gómez-Moreno en el *B.R.A.H.,* C, 1932, p. 625, y demás fuentes coincidentes con la *Crónica Profética.*

[12] *Ajbar Maymu'a, op. cit.,* pp. 13-15 y 27-28.

[13] C. Álvarez de Morales: "Aproximación a la figura de Ibn Abi l-Fayyad y su obra histórica", en *Cuadernos de Historia del Islam,* 9, 1978-9, p. 78,

[14] José A. de los Ríos: *El arte latino-bizantino y las coronas de Guarrazar,* Madrid, 1889.

hibir los Evangelios, situada sobre el altar; y que, precisamente sobre un altar de la "iglesia de Toledo" (suponemos que en la catedral) fue hallado por los invasores[15] . También mencionan un tapete, o tapiz, "tejido con hilo de oro y enlazado con un cordón de oro adornado con perlas, rubíes y esmeraldas"[16] .

Aunque su valor material fuera menor, mayor interés tendrían en el aspecto cultural los libros que guardaban las bibliotecas toledanas. Así, el propio Tariq encontró veintidós libros cuya encuadernación estaba incrustada de pedrería, conteniendo los textos de la Biblia; otro, chapado en plata, "trataba de las propiedades de las piedras, de los árboles, de los animales y contenía extraños talismanes. Se lo llevó al califa Walid. Otro libro trataba de alquimia y del modo de fabricar jacintos...". Supone Vernet que estos ejemplares, base de las traducciones árabes de obras latinas, procedían de Toledo[17] , donde había poseedores de buenas colecciones, entre ellos el propio palacio; y las habría sin duda en la sede metropolitana[18] .

Es frecuente la afirmación, quizá no muy fundada, de que los invasores nombraron para sustituir a Sinderedo al metropolitano de Sevilla Oppa, colaborador fundamental en la derrota del Guadalete; otros creen que las funciones del huido fueron asumidas, aunque fuera provisionalmente, por el chantre Urbano[19] . Lo que sí recogen los cronistas musulmanes es la residencia en Toledo del hijo menor de Witiza, Rómulo, quien tras visitas sucesivas a Tariq, a Musa b. Nusayr y, por último, al propio califa al-Walid b. 'Abd al-Malik, consiguió que le asignaran, igual que a sus hermanos y como compensación al trono que les fue negado, mil alquerías o fincas "en el oriente de España, habiendo elegido por lugar de residencia a Toledo.. Entre sus descendientes figuró Hafs B. Alvaro, juez o cadí de los cristianos[20] .

---

[15] *Analectes, op. cit.*, ap. II del *Ajbar Maymu'a*, trad. de F. Lafuente, p. 190.
[16] *Ibid.*, p. 212.
[17] *La cultura hispano-árabe en Oriente y Occidente*, Barcelona, 1978, pp. 73 y 87.
[18] J. Orlandis: *La España visigoda, op. cit.*, p. 204.
[19] E. Flórez: *España Sagrada*, V, pp. 322 y 336. En cuanto a la intervención de Oppa vease *infra*, nota 30. *Historia Silense*, edic. de Pérez de Urbel, Madrid, 1959, p. 132, n. 20.
[20] Ibn Al-Qutiyya: *Iftitah al-Andalus*, trad. de Ribera, 2, según Sánchez-Albornoz en *La España musulmana*, Madrid, 1973, I, pp. 82-83. Repiten la noticia Al-Maqqari: *Analectes sur l'histoire*, edic. de Lafuente, p. 185, situando las granjas en Aragón; Levi-Provençal, en cambio, las ubica en Toledo, *Historia de España* dirigida por Menéndez Pidal, IV, p. 229.

AÑO 712

En el verano del 712, desembarcaba en Algeciras Musa b. Nusayr, no muy bien dispuesto hacia su lugarteniente Tariq, quien había pasado en Toledo el invierno anterior. Inició un prolongado asedio de Mérida -que se rindió el 30 de junio de 713, por capitulación entre asediados y sitiadores- y se dirigió hacia Toledo, encontrándose con Tariq en "un lugar de la cora de Talavera"[21], probablemente en Almaraz[22]. Reunidos ambos caudillos y tras ásperas discusiones sobre la extralimitación de Tariq en la misión que le encomendó en principio, y sobre el reparto del botín, siguieron hasta Toledo, desde donde Musa, en el invierno de 712-713 envió mensajeros al califa de Damasco informándole de la conquista de la capital visigoda y de, prácticamente, todo el reino visigodo. En el 714 conquistaron Zaragoza[23] y llegó la orden apremiante del califa al-Walid de regresar a Siria, junto con Tariq, para dar cuenta de la campaña; iniciando el viaje en septiembre, acompañado Musa por Julián como consejero y llevando consigo numerosas riquezas y algunos nobles visigodos apresados, de cuya suerte ulterior no hay noticia. En Siria morirá Musa en 716-717, caído en desgracia ante el califa, al que tuvo que abonar la elevada multa de 2.000.000 de sueldos[24].

Año 717

Aunque no en Toledo, al parecer (se cree que fue monje en Córdoba, de donde posiblemente fuera natural), nació en este año el que sería famoso metropolitano de Toledo Elipando. Atraído por la literatura y la filosofía de la época, importada por los árabes, incurre en la herejía adopcionista, tal vez en un intento de sincretismo con la religión musulmana, ganando a sus ideas, entre otros, al obispo Félix de Urgel. Ya era metropolitano de Toledo el año 785, si bien pudo ser elegido en 754-755[25]. Su vida fue muy prolongada, pues vivía aún el año 800, tras sus

---

[21] Al-Maqqari: *Analectes...*, *op. cit.*, p. 189; Sánchez-Albornoz: *Itinerario...*, *op. cit.*, p. 44.

[22] Identificado por E. Saavedra en su *Estudio sobre la invasión de los árabes en España*, Madrid, 1892, p. 99, basado en que Almaraz significa "el encuentro".

[23] *Ajbar Maymu'a*, p. 31; *Crónica mozárabe de 754*, parr. 54, Sánchez-Albornoz: *Itinerario...*, *op. cit.*, p. 56, añade que le acompañó Tariq, pues éste tomó Medinaceli.

[24] *Crónica mozárabe, op. cit.*, pp. 75-77 de la edic. L. Pereira. La multa, si no se exageró por el cronista, indicará la importancia del botín logrado y retenido por Musà.

[25] E. Levi-Provençal: "La España musulmana", en *Historia de España, op. cit.*, V, pp. 17-19; E. Flórez: *España Sagrada*, V, pp. 555-556.

ásperas y famosas controversias con Beato de Liébana y de ser conde-
nadas sus ideas[26]. Tal vez fuera una de las víctimas de la "Jornada del
Foso", aunque no hay pruebas de ello[27].

Año 719

Según la *Crónica mozárabe de 754*, en tal año residía en Toledo el
chantre Urbano[28]. Vivía todavía el prelado titular, Sinderedo, pues consta
su asistencia a un concilio celebrado en Roma el año 721[29]; no sabemos
si le sustituyó al frente de la sede metropolitana, aunque intruso, el obispo Oppa, que ostentaba análogo cargo en la de Sevilla al producirse la
invasión[30], o si en 721 había fallecido ya éste. Es posible también que
Urbano tuviera que huir o se escondiera al rendirse Toledo y no regresara
hasta el año 719. Se le viene considerando por la historiografía tradicional
como vicario episcopal, aunque no haya noticias ciertas de ello; en todo

caso, no figura en el *Códice
Emilianense* entre los prelados
toledanos que relaciona. Tanto
Flórez como Simonet fijan el
año 737 como final de su mandato, sustituyéndole el metropolitano Concordio hasta 744.

Tuvo Urbano un compa-
ñero y colaborador fiel en el ar-
cediano Evancio, del que se
conserva una epístola contra
ciertas   supersticiones
hebraicas[31].

---

[26] Especialmente por el papa Adriano, en epístola dirigida a los obispos españoles posterior a 786. Conf. de R. Abadal, *La batalla del adopcionismo*, Barcelona, 1949, p. 68.

[27] Vid. J. F. Rivera Recio: *Elipando de Toledo*,(Toledo, 1940), *passim*; F. Simonet: *Historia de los mozárabes de España*, (Madrid, 1903), pp. 265 y ss., supone que falleció en 808.

[28] *Crónica, op. cit.*: "...veteranus melodicus...", p. 85 de la edic. de L. Pereira.

[29] Simonet: *Historia, op. cit.*, p. 167, nota 2.

[30] Alguna intervención, y nada loable, tuvo Oppa en Toledo o en sus alrededores, pues la *Crónica de 754* dice que Müsà "valiéndose de Oppas, hijo del rey Egica, condena al patíbulo a algunos ancianos nobles [rodriguistas sin duda] que aún quedaban después de haber huido de Toledo y los pasa a espada a todos con su ayuda", (p. 71, edic. cit.). Por su parte, D. W. Lomax en su excelente resumen, *La Reconquista, op. cit.*, p. 25) admite que Oppas ocupó la sede toledana con el consentimiento de Müsà.

[31] Simonet: *Historia, op. cit.* p. 169. En tal año de 737 dice la *Crónica mozárabe* que fallecieron Urbano y Evancio, calificándolos de doctos. No titula obispo ni vicario a aquél (parágrafo 83 de la edic. cit.).

Años 740 – 741

Se sublevan los beréberes contra los árabes, primero en el Magreb y luego en Al-Andalus, que entonces regía como delegado del califato el gobernador 'Abd al-Malik, llegando los rebeldes a sitiar a Toledo, cuyas murallas intentaron destruir, sin conseguirlo. Pidió 'Abd al-Malik ayuda a las tropas sirias regidas por Baly, reorganizadas después de su derrota inicial en Argelia; tras algunas discrepancias, éstas pasaron a España y derrotaron a los beréberes en varios encuentros, enfrentándose por último, unidos 'Abd al-Malik y Baly, con los rebeldes que sitiaban a Toledo, a orillas del riachuelo Guadacelete, que nace cerca de Orgaz -dehesa de Villaverde, que limita una calzada romana secundaria- y que afluye al Tajo aguas abajo del Algodor, pasando al oeste de Almonacid en cuyas cercanías se daría la batalla[32].

Sobre su desarrollo, cuenta *Ajbar Maymu'a* que "cuando supieron los berberiscos que este ejército [enemigo] se hallaba próximo, rasurándose la cabeza para no ocultar la causa que defendían y no confundirse [con los contrarios] en la batalla. Así se acercaron a la ciudad de Toledo. Katán y Omeyya [hijo éste de 'Abd al-Malik], con sus tropas respectivas, vinieron a su encuentro y trabóse una recia pelea en tierra de Toledo, sobre el Guazalete. Los sirios acometieron con furia y batallaron como quien busca la muerte, hasta que Dios les concedió que los berberiscos volviesen la espalda..."[33]

Año 744

La *Crónica mozárabe,* en un párrafo que se considera interpolación no muy posterior a su redacción originaria, dice que en 744 ocupaba la sede toledana Cixila[34], quien desde la invasión árabe residía ya en Toledo. Falleció, según la misma fuente, después de nueve años de pontificado, o sea hacia 753[35]. El *Códice Emilianense* le incluye en su serie de obispos toledanos, entre Concordio y Elipando[36].

---

[32] La *Crónica* la sitúa a "doce millas de la ciudad" y dice que el asedio a Toledo duraba 27 días (parágr. 85).
[33] *Ajbar Maymu'a,* p. 50.
[34] Página 117 de la edic. de López Pereira, elogiándole mucho y relatando cierta curación milagrosa de un hereje sabeliano. El primer editor de esta *Crónica,* P. Tailhan (París, 1885), cree añadida esta noticia por un clérigo toledano a fines del siglo VIII. Se atribuyó a Cixila una biografía de San Ildefonso, realmente del siglo X; J. F. Rivera: *Los arzobispos...,* op. cit., p. 22.
[35] El autor de la *Crónica de 754* le cita como ya difunto.
[36] J. F. Rivera: *Los arzobispos...,* op. cit., p. 22.

Años 749 – 750

Se produjo una intensa sequía en la Península, muy prolongada además pues duró hasta el año 754, causando hambre y bajas entre la población, por consiguiente. Muchos de los beréberes sublevados emigran a Marruecos y, por tales causas, se produce una baja demográfica importante, sobre todo en el valle del Duero donde los beréberes residían en gran parte[37]. Aprovechando tal reducción de efectivos enemigos en la Meseta Norte, Alfonso (739-757) recogió los restos de población mozárabe y visigoda del valle del Duero y llevó de hecho la frontera al mismo río y hasta la cordillera Central, quedando Toledo como plaza fronteriza[38].

En estos años se cita a un diácono toledano, llamado Pedro, músico afamado y experto escriturista, quien escribió a los fieles sevillanos un opúsculo fijando la verdadera fecha de la Pascua, que estos celebraban equivocadamente[39].

Año 754

En tal año, como dice su propio autor ("... era 792, que ya ha comenzado...") termina la valiosa fuente conocida primero como Anónimo de Córdoba, luego Pacense y otros títulos hasta el hoy admitido de *Crónica Mozárabe de 754*. Escrita por un clérigo considerado como toledano por la gran mayoría de los medievalistas, fue redactada en Córdoba o en Toledo, ciudad ésta que conocía bien así como a sus personajes más destacados. Presenció la entrada de los árabes en Hispania, de la que nos dejó una viva descripción y escribió también un epítome sobre tales sucesos, al que alude con frecuencia en su obra más famosa, seguramente el primer relato histórico posterior al año crucial de 711[40].

Además de esta noticia historiográfica, otra corresponde al mismo año y afectó extraordinariamente a al-Andalus. El último superviviente omeya, futuro 'Abd al-Rahman I, huyó de Siria y envió a la Península a su

---

[37] *Ajbar Maymu'a*, p. 67; *Crónica mozárabe* parece iniciarlo en 749 (pp. 12 – 125), tras la aparición de un cometa el 5 de abril de este año.

[38] Simonet: *Historia de los mozárabes, op. cit.*, p. 216. Sobre este traslado de población, Sánchez-Albornoz: *Despoblación y repoblación del valle del Duero*, Buenos Aires, 1966; F. J. Pérez de Urbel: *Historia del Condado de Castilla*, Madrid, 1944, I, p. 87; y un excelente resumen y actualización del tema, en S. de Moxó: *Repoblación y sociedad en la España cristiana medieval*, Madrid, 1979.

[39] *Crónica mozárabe*, parág. 93, fol. 125, edic. L. Pereira.

[40] Sorprende que esta *Crónica* no cite a Pelayo ni a Asturias, cuya primera rebeldía se fecha por los cronistas cristianos en 718. *Vid.* D. W. Lomax: *La Reconquista, op. cit.*, p. 40.

fiel liberto Badr, a fin de sondear a los clientes omeyas que vivían aquí y conseguir que le acogiesen en España.

Gobernaba entonces el al-Andalus Yusuf al-Fihri y una hueste rebelde a él sitiaba en Zaragoza a su general al-Sumayl. Reunidos inicialmente 360 partidarios del príncipe omeya se dirigieron a Zaragoza, uniéndoseles en el Guadiana otros 400 y siguiendo la vieja ruta romana hacia Toledo. Teniendo noticias de que al-Sumayl estaba en situación difícil, siguieron hasta Zaragoza en unión de Badr, salvando de su apuro a al-Sumayl, con el propósito de ganarlo para la causa omeya. No obstante, éste les pidió tiempo para pensarlo y regresaron a sus casas los clientes, ganados ya por Badr para la toma del poder por 'Abd al-Rahman.

Al fin se decidió al-Sumayl, pero en términos escasamente satisfactorios. Ponía como condición que 'Abd al-Rahman renunciase a titularse sultán y que se casara con la hija del entonces gobernador, Yusuf, boda que aquél se encargaba de gestionar[41]. La oferta fue, como era de esperar rechazada; y Abd al-Rahman se enfrentó con Yusuf, venciéndole en combate y obligándole a huir y refugiarse, con su hijo y quinientos jinetes fieles, en Toledo, donde era gobernador en su nombre su probable pariente Hisam b. 'Udra (u Odzra) al-Fihri. Repuestos de la primera derrota, reunieron más partidarios y marcharon hacia Jaén primero, y luego a Elvira para luchar contra el emir.

No llegó, sin embargo, a darse una batalla decisiva. En la alquería de Armilla se concertó por fin la paz, a base de respetar los bienes de Yusuf y de al-Sumayl y entrando como nuevo caudillo 'Abd al-Rahman en Córdoba, donde asumió el poder en todo al-Andalus. Una parte de la familia de Yusuf, quizá por no sentirse del todo segura, se refugió en Toledo[42].

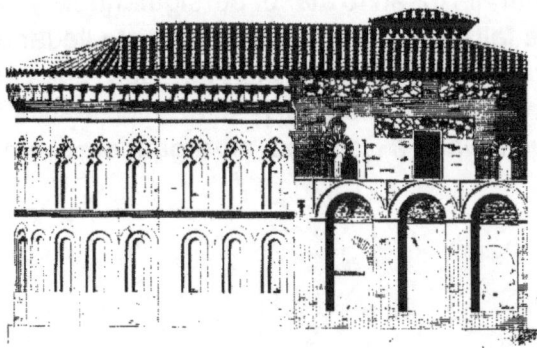

---

[41] *Ajbar Maymu'a, op. cit.*, pp. 73-75. Según Levi-Provençal: *Historia de España*, V, *op. cit.*, pp. 34 y 65-66, él último gobernador o walí dependiente de Damasco será Yusuf al-Fihri y el general sitiado por los beréberes y yemeníes de Zaragoza, al- Sumayl b. Hatim al- Kilabi, uno de los sirios llegados a España con Baly y consejero del walí.

[42] *Ajbar Maymu'a, op. cit.*, pp. 88-89 y 199 nota.

Año 757

A juzgar por un diploma del rey Ordoño otorgado el año 762 podría estimarse que el nuevo emir de Córdoba dispuso alguna persecución contra los mozárabes, o bien es que éstos emigraban espontáneamente al nuevo reino cántabro-astur. Así, el año 757 huyó a Galicia el abad toledano Argerico junto con su hermana Sarra y varios monjes, recibiéndoles Fruela I, quien comenzaba su reinado en tal año. El rey les donó el monasterio arruinado de San Julián de Samos, a siete leguas de Lugo, además de tierras en el Bierzo, Valdeorras y otros lugares[43]. Si este Argerico era el abad del famoso monasterio de Agali (el conocido Agaliense), quedaría éste despoblado en fecha muy temprana, lo que explica el olvido total del sitio donde estuvo, extramuros de la ciudad.

Años 757 - 758

El último gobernador de al-Andalus nombrado por Damasco, Yusuf al-Fihri, inició una rebelión contra el nuevo emir. Huyendo de Córdoba, donde residía, reunió en Mérida un ejército con sus clientes en esta ciudad, árabes, berberiscos y otras mesnadas de Fuente de Cantos, intentando tomar Sevilla; pero fue derrotado por los gobernadores de esta ciudad y la de Morón. Huyó entonces hacia Fahs al-Ballut (Los Pedroches, entre Hinojosa del Duque y Almadén) y de allí a Toledo, buscando la ayuda del que él mismo había nombrado gobernador durante su mandato, Hisam b. 'Urwa; pero no logró siquiera llegar. Estaba aún a diez millas de la ciudad cuando, al pasar por una alquería, un vecino de ella llamado 'Abd Allah b. 'Umar al-Ansari le atacó, persiguiéndole y dándole muerte por fin, cuando le faltaban solo cuatro millas para llegar a Toledo[44]. (Su confianza en el régulo toledano era bien fundada, pues éste se sublevó poco después, como luego veremos) pero el único resultado obtenido fue que su cabeza fue llevada a Córdoba, entregándola al emir.

---

[43] Simonet: *Mozárabes...*, op. cit., p.242; Lomax: *La Reconquista*, op. cit., p. 45. La fecha de esta huída o emigración espontánea, posterior al final de la *Crónica mozárabe*, nos priva de conocer la versión de ésta.

[44] *Ajbar Maymu'a*, op. cit., pp. 93-94. Según Levi-Provençal: *Historia de España*, V, op. cit., p. 71, fue traicionado por sus propios partidarios. Fecha el asesinato en 759-760.

Años 760 - 761

En fecha tan temprana como es el medio siglo siguiente a la conquista musulmana, comienzan las famosas y casi constantes rebeldías de los toledanos contra el gobierno de Córdoba, que años después describirá la excelente pluma de Ibn Hayyan[45]. Inicia la serie de revueltas el ya citado gobernador de la *civitas regia,* Hisam b. 'Urwa al-Fihri, lo que provoca el sitio inmediato de la ciudad por 'Abd al-Rahman, pidiendo entonces la paz Hisam, que le fue concedida si bien el emir tomó como rehén al hijo de aquél. Apenas se había alejado de Toledo cuando se rebeló de nuevo, por lo que al año siguiente fueron cercados otra vez. Ante la difícil conquista por la fortaleza de la plaza -parece que las obras de Wamba no solo fueron importantes, sino duraderas-, el emir ordenó que se decapitara al hijo del rebelde y se arrojara su cabeza con una máquina dentro de la ciudad, levantando el asedio por aquel año[46].

---

[45] "Más luego, al sucederse los gobernadores de al-Andalus, ya en el reino islámico, la ciudad no cesó de revolverse contra ellos y desobedecerlos, sin que nunca les faltaran allí turbulencias ni revueltas, situación que continuó bajo los gobernadores de los califas omeyas, a los que pasó el poder en al-Andalus, pues se sublevaban constantemente y había allí sucesos de tiempo en tiempo, lo que les venía de naturaleza por su misma alimentación, pues su tierra y su complexión son de las peores; por eso ellos no cesan de levantarse contra los reyes y frustrar a los más poderosos y astutos que la procuran (sic). Mucho fatigaron al primer califa, implantador de la dinastía en al-Andalus y primer omeya que aquí vino, 'Abdarrahman b. Mu'awiya b. Hisam, al que se sometió todo el país, pero se le resistió esta ciudad siete años, no pudiendo entrar en ella sino tras dura guerra, dificultad y vencimiento, para no tardar en rebelarse contra su hijo, el grato imán Hisam b. 'Abdarrahman [788-796], al que aceptó toda la gente de al-Andalus; hubo de domarla y volverla sumisa y quebrantada a la obediencia, solo para rebelarse contra su hijo, el califa al-Hakam, piedra de sílex de la que nadie chocando podía sacar chispa, el cual la conquistó una vez tras otra y la holló como a guijarros, haciéndola paladear su propia maldad entre ataques y ardides. Pero volvió a sublevarse contra su hijo, el imán 'Abdarrahman b. Al-Hakam [822-852], hombre apacible y querido por la nación por su buen carácter y trato, causándole apuro por algún tiempo, hasta que, alterando por su causa su temperamento hizo acopio de opinión y decisión y la sometió de tal modo que la tuvo domada por el resto de su reinado. Mas, tan pronto acabó éste, se levantó contra su hijo, el califa Muhammad [852-886], a pesar de su buen carácter y escasa inquina; hubo de hacerla frente inmediatamente, dirigiendo contra ella aceifa tras aceifa hasta hacerles mella y tener que pedir el amán, sometiéndose al pago del tributo, aceptando gobernadores y dando rehenes de su sumisión, en la que se mantuvieron por algún tiempo. Cuando murió y surgió por al-Andalus la sedición y agitación, se apresuraron a violar lo pactado y sublevarse del modo más absoluto...; sucedió que el califa tenía más urgente quehacer con rebeldes del interior [efectivamente, la sublevación de 'Umar b. Hafsun en Bobastro, entre otras] más próximos, de modo que su extravío se mantuvo durante todo el reinado del emir al-Mundir b. Muhammad [886-888] y luego, a continuación, bajo su hermano 'Abdallah b. Muhammad [888-912], sin que dejaran el error ni se asieran a la obediencia. Llegó luego la época del imán al-Nāsir..." (*Muqtabis,* tomo V, trad. de Mª Jesús Viguera y F. Corriente, *op. cit.,* Zaragoza, 1981, pp. 209-210).

[46] *Ajbar Maymu'a,* p. 95. Levi-Provençal: *op. cit.,* pp. 71-72.

Años 763 - 764

Dominada por el emir una sublevación en Carmona, decidió acabar con la rebeldía toledana que seguía acaudillando Hisam b. 'Urwa. Envió un fuerte ejército dirigido por su liberto Badr y por Tamam b. 'Alqama, que puso sitio a la ciudad y se fue relevando cada seis meses. Fatigados por este sistema los toledanos, entregaron a Hisam con otros dos jefes de los sublevados -lo que indicará que no tenían arraigo entre la población, cuando pudieron apresar a los tres- librándose así del castigo colectivo. Resuelto el asunto, Tamam partió hacia Córdoba con los presos, quedándose Badr en Toledo, sin duda para asegurar el dominio; pero al llegar aquél a Oreto le alcanzó una orden del emir de que regresara a Toledo para encargarse del gobierno de la ciudad. A los prisioneros les fue rapada la cabeza y, montados en asnos, entraron en la ciudad cordobesa, siendo muertos poco después y crucificados para escarmiento general[47].

Escarmiento muy poco efectivo, por lo general, si juzgamos por las futuras rebeliones, y no solo de Toledo.

Año 783

Falleció el rey Silo en Asturias y fue entronizado, con ayuda de su viuda Adosinda, su sobrino Alfonso II el Casto, hijo de Fruela I. Sin duda por ser muy joven todavía, se sublevó contra él Mauregato, medio hermano de Adosinda, logrando, aunque con dificultades, desterrar a Alfonso y ocupar su trono. Aprovechando estos disturbios en el reino asturiano, el gobernador de Toledo envió una expedición contra los asturianos, logrando cautivos y botín[48].

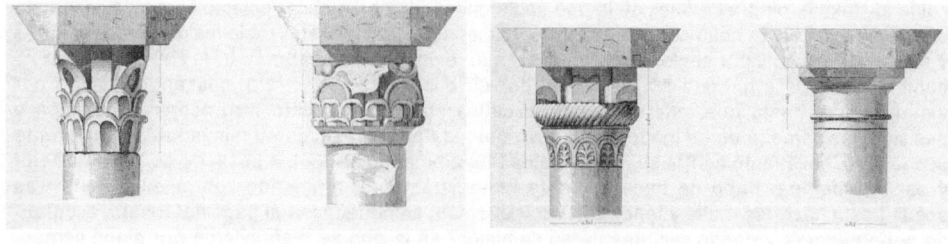

[47] *Ajbar Maymu'a, op. cit.*, pp. 97-98. Levi-Provençal: *loc. cit.* En 783 dominó la sublevación de Zaragoza, asaltando la ciudad y decapitando al jefe de los rebeldes. Sánchez-Albornoz: *El reino de Asturias...*, II, *op. cit.*, p. 364.

[48] Ibn al-Atir: *Kamil*, trad. de Fagnan, data la expedición el 23-VII del año 168 de la Héjira, que comenzó el 23 de julio de 784 (cita de Sánchez-Albornoz en *El reino...*, II, *op. cit.*, pp. 215 y 255-256). Cree posible este autor que fuera gobernador de Toledo entonces Sulayman, hijo del emir.

Año 784

Adquirió 'Abd al-Rahman la parte de la catedral visigoda de Córdoba que todavía poseían los cristianos, para ampliar la mezquita. Relacionándolo con este incumplimiento de los pactos, se le atribuyen persecuciones, nada sorprendentes por cierto[49], contra los mozárabes de otras ciudades, quitándoles sus reliquias más veneradas para destruirlas. Ello motivó que los así afrentados huyeran "para las sierras et los lugares fuertes" llevando consigo las reliquias que pudieran salvar[50], de lo que deduce el P. Flórez[51] que sería entonces cuando los toledanos llevaron al norte cristiano los cuerpos de san Ildefonso (que quedó en la desierta Zamora, no sabemos por qué; tal vez hubiera alguna población en ella todavía), santa Leocadia, que siguió hasta Oviedo, san Julián, sepultado en Santullano de los Prados y san Eugenio, éste el fallecido en 646, que llegó hasta París. Aquí le confundieron con un supuesto discípulo de san Dionisio Areopagita y primer obispo de Toledo, que habría sido martirizado según su *passio* a fines del siglo I[52].

Frente a esta noticia del traslado de reliquias, trae Simonet a colación otra muy diferente, cual es que en el calendario del obispo de Elvira en el reinado de 'Abd al-Rahman III, Recemundo (Rabi 'b. Zayd), astrónomo famoso por cierto y cuya obra se fecha por Dozy en el año 961, se relacionan numerosas festividades de santos y mártires hispanos, todavía en su lugar primitivo de enterramiento, entre ellos a santa Leocadia de Toledo[53]. Ante el hecho bien conocido de que tales reliquias cambiaron de lugar, sigue sin resolver el problema de cuándo se efectuó su traslado.

---

[49] Ya las publicó Simonet en las pp. 244 y ss. de su *Historia de los mozárabes, op. cit.* (conf.) Sánchez Albornoz, *El reino de Asturias*, II, *op. cit.*, p. 633, nota 39.

[50] *Crónica del moro Rasis*, edición de Pascual Gayangos, en *Memorias de la Academia de la Historia*, VIII, pp. 93-94.

[51] E. Flórez: *España Sagrada*, V, pp. 330 y ss. Contraría la suposición del P. Flórez el hecho de que, antes del año 785, ya era metropolitano de Toledo Elipando, el cual, evidentemente, no huyó con reliquias ni sin ellas, que se sepa. Véase *España Sagrada*, V, *op. cit.*, pp. 555-556. Queda por tanto indeterminada la época en que fueron trasladados los restos de los santos toledanos, hecho que por otra parte es indudable aunque no sepamos la fecha ni el motivo. Pues, por ejemplo, Santullano se cree construido entre 726 y 738; Santa Leocadia de Oviedo, en cambio, existía ya en 883, ya que en enero de tal año sepultaron allí los cuerpos de Eulogio y Leocricia, traídos de Córdoba por el mozárabe toledano Dulcidio, y la advocación que llevaba el templo debe indicar que, al menos, reliquias de la santa toledana estaban allí antes de tales enterramientos.

[52] J. F. Rivera Recio: *Los arzobispos de Toledo desde sus orígenes hasta fines del siglo XI*, Toledo, 1973, conf., pp. 11 y ss., con abundante bibliografía que aclara la inexistencia del supuesto Eugenio I.

[53] *Historia de los mozárabes, op. cit.*, pp. 612-614 y ss.

Año 785

La sumisión toledana al emir cordobés en 764 era obligada por la superioridad de los sitiadores; pero no contaría, lógicamente, con el asentimiento unánime de los sitiados. Había quedado en la ciudad un hijo de Yusuf al-Fihri, el menor de ellos, y ciego por cierto, defecto éste que haría suponerle inofensivo. Sin embargo, este hijo llamado Abul-Aswad b. Muhammad, capitaneó otra sublevación toledana contra el emir. De escasa duración, por cierto, pues el 11 de septiembre de 785 eran derrotados por el propio Abd al-Rahman I[54].

Año 788

Data de este año la primera cita que conocemos del puente de Alcántara de Toledo, que los historiadores árabes dicen que fue construido por un supuesto caudillo hispano-romano llamado Antonius[55], evidentemente legendario. Reinando ya Hisam (788-796) y en su primer año de gobierno, 788-789, ordenó por causas que ignoramos la ejecución por empalamiento, "cerca de la extremidad del puente de Toledo" (suponemos que sería en el puente de San Servando) del rebelde Galib b. Tamam, a pesar de que era hijo de uno de los once primeros partidarios que tuvo 'Abd al-Rahman al venir a España[56]. Dado el sitio escogido para su ejecución, debió ser en Toledo donde se rebelara, aunque ya vemos que con bien poco éxito.

Parece probable que esta rebeldía se relacione con la iniciada contra Hisham I por su hermano mayor, Sulayman. Fallecido Abd al-Rahman I en Córdoba, el 30 de septiembre del 788 (el mismo año que Mauregato, por cierto), dejó como heredero a su hijo segundo Hisam, entonces gobernador de Mérida, mientras que el hijo mayor regía a Toledo. El 7 de octubre era proclamado nuevo emir Hisam por decisión del hijo tercero, 'Abd Allah al-Balansi y, al conocer la noticia, Sulayman levantó tropas en Toledo, las hizo jurar fidelidad y, después de asegurarse el dominio del territorio circundante, marchó hacia Córdoba; pero fue derrotado en los

---

[54] Levi-Provençal: *Historia. de España*, V, *op. cit.*, p. 72.

[55] . "...el poder romano se afianzó al recuperar Toledo durante cien años, calculados en sus crónicas, Toledo volvió luego a sublevarse contra los romanos y rechazar su obediencia, expulsando a su general... El poder fue entonces a parar a uno de ellos, llamado Antonius, que los maltrataba pero que se cuidó de su ciudad, construyendo la gran muralla y levantando el inigualable puente. Luego atacó al gran rey de Roma, Julius, primero de los césares...(Ibn Hayyan: *Muqtabis* V, *op. cit.*, p. 207). Poco más adelante cita de nuevo a "su portentoso puente de un solo ojo" (p. 211).

[56] *Fath al-Andalus*, trad. de González, p. 80, según cita de Sánchez-Albornoz en *El reino de Asturias*, II, *op. cit.*, p. 533, nota 11.

alrededores de Jaén. Se unió a él el hermano menor y regresaron a Toledo, sin hacer caso de los mensajeros enviados por el nuevo emir para disuadir a éste último al menos.

El año siguiente, 789, Hisam tomó la iniciativa y puso sitio a Toledo durante dos meses, o tres según otro cronista, aunque sin lograr conquistarla al parecer. Sulayman dejó al frente de los sitiados a su hermano 'Abd Allah y a su propio hijo, salió secretamente de la ciudad y avanzó a marchas forzadas hasta Secunda; al advertirlo Hisam, no levantó el cerco, limitándose a enviar a su hijo 'Abd al-Malik tras el rebelde, quien contaría con escasas fuerzas, por lo que huyó hacia Tudmir (Orihuela). El año 790 se sometía por fin Sulayman, emigrando al Magreb mediante la entrega de 70.000 dinares; y el 20 de mayo abandonaba también la rebeldía 'Abd Allah al-Balansi, reconciliándose con el emir[57]. Los toledanos debieron considerarse ajenos a tales acuerdos y siguieron rebeldes hasta el año siguiente.

Año 791

Por fin Toledo se sometió al emir, concediéndola Hisam el "amán" o amnistía y enviando a los toledanos como gobernador a su hijo al-Hakam (nacido en 757) y futuro emir (796-822). Al año siguiente, 792, nacería en Toledo el hijo de éste, luego 'Abd al- Rahman II[58] que, al menos una vez, volverá a su ciudad natal para presenciar un espectáculo nada grato: la *Jornada del Foso.*

Años 796 - 797

El 17 de abril de 796 murió el emir Hisam I, sucediéndole al-Hakam I. No tardó Toledo en intentar gobernarse a sí misma; al año siguiente, 181 de la hégira (15-3-797 a 21-2-798) se sublevaron los toledanos otra vez, acaudillados por 'Ubayda b. Humayd[59] y alentados por las composiciones poéticas de un vate local, Girbib b. 'Abd Allah.

---

[57] Ibn 'Idari: *Bayan al Mugrib,* trad. de Fagnan, II, p. 98, cita de Sánchez-Albornoz en la *España musulmana,* I, *op. cit.,* pp. 145-146; Levi-Provençal: *Historia de España,* V, *op. cit.,* pp. 92-94; Sánchez-Albornoz: *El reino de Asturias,* III, *op. cit.,* Oviedo, 1975, p. 196, citando a Ibn al-Atir y a Ibn 'Idari.

[58] Ibn al-Atir: *Kamil, op. cit.,* trad. de Fagnan, pp. 143-144, según cita de Sánchez-Albornoz en *El reino de Asturias,* III, *op. cit.,* p. 195; Levi-Provençal: *Historia de España,* V, *op. cit.,* pp. 130 y 177; C. Álvarez de Morales: "Muerte del emir toledano 'Abd al-Rahman II", *en Toletum,* núm. 14, 1984.

[59] Según Ibn Jaldun e Ibn 'Idari . Ibn Hayyan afirma que se llamaba 'Ubayd Allah b. Jamir.

Al-Hakam envió entonces hacia Toledo a un personaje que adquirirá un siniestro renombre: 'Amrus b. Yusuf[60], renegado nacido en Huesca. Hombre hábil sin duda, instaló fuerzas en Talavera y consiguió que algunos de los sublevados se pasaran a su bando, traicionaran a 'Ubayda y le decapitaran, enviando su cabeza a 'Amrus. Con pésimos resultados para los traidores por cierto, ya que los beréberes que guarnecían Talavera los ejecutaron a su vez. No sabemos si llegó a entrar en Toledo 'Amrus por entonces, aunque no parece probable, pues fue enviado pronto al valle del Ebro[61].

Es curioso que, a pesar de su apoyo y aliento a los rebeldes, Girbib no fuera atacado directamente. Algún autor árabe afirma que el propio emir le respetaba o quizá le temía, tal vez por sus poesías exaltadas que incitaban a la rebelión[62]. No se conservan tales composiciones, sino solamente algunos fragmentos poéticos en los que se advierte un fondo austero y una sumisión a la voluntad divina, posiblemente influidos por los tiempos azarosos en que le tocó vivir[63].

Fallecido al fin Girbib y antes, como dijimos, decapitado 'Ubayda, parece que fue sustituido aquél por 'Ubaid Allah b. Hamid. Y con él empleó 'Amrus la misma táctica, sobornando a "desalmados de la ciudad" para que lo asesinaran[64].

Años 798 - 803

Pero no sólo eran los toledanos los que se sublevaban. En la Marca Superior se rebelaba por entonces Bahlul b. Marzuq, apoderándose de Zaragoza. Repitiendo su sistema que tan buen resultado le dio en Toledo, al-Hakam envió allá a su mejor peón del momento, 'Amrus, buen conocedor del territorio y sus hombres, como es lógico. Y con el mismo éxito que en Toledo, pues consiguió la expulsión de la ciudad del rebelde, que fue asesinado el año 802. Pero los Banu Qasi se sublevaron a continuación y atacaron Tudela; siendo Toledo el centro de enlace con la Fron-

---

[60] Noticias bibliográficas de 'Amrus se leen en al-'Udri. *Vid.* F. de la Granja: "La Marca Superior en la obra de al-Udri", en *Estudios de Edad Media de la Corona de Aragón*, VIII, pp. 19-20, noticias no muy enaltecedoras por cierto.

[61] Sánchez-Albornoz: *El reino de Asturias,* III, *op. cit.,* p. 196.

[62] Simonet: *Historia..., op. cit.,* pp. 300-301 y n. 2; Dozy: *Historia,* II, *op. cit.,* pp. 60 y ss.

[63] E. Terés: "Le developpment de la civilisation arabe a Tolède", en *Cahiers de Tunisie,* 18, 69-80, 1970, p. 75.

[64] Simonet: *loc. cit.* Este segundo caudillo parece ser el mismo 'Ubayd Allah b. Jamir que cita Ibn Hayyan, con nombre muy parecido y con idéntico fin. Es probable una confusión de Simonet y que la rebelión se extinguiera por sí sola al fallecer Girbib, sin que éste tuviera ningún sucesor.

tera Superior y para asegurar su dominio, al-Hakam envió a 'Amrus a esta ciudad insegura, quedando un hijo de éste, Yusuf, como gobernador en Tudela y su primo Sabrit en Huesca[65].

Año 807[66]

Tal vez, es este año el que ha dejado el recuerdo más trágico en la historia de Toledo: la "Jornada del Foso", que pasará incluso a la leyenda local bajo el título de *La noche toledana*, ampliamente divulgada por la literatura. Así cuenta su desarrollo Ibn al-Qutiyya:

"Al-Hakam tuvo en España tres grandes conflictos. Uno de ellos, el de Toledo, que fue así: los toledanos eran gente tan revoltosa e insubordinada que no hacían caso de los gobernadores, hasta un extremo al que jamás llegaron vasallos de ningún país respecto a sus autoridades. Vivía entre ellos el poeta Garbib el Toledano, hombre experto y astuto, por cuyo consejo los de Toledo se dejaban guiar, y no podía esperarse que la autoridad pudiese dominarlos mientras él viviese. A su muerte hizo venir al-Hakam a 'Amrus, desde Huesca, y...descargó su corazón en él, respecto de los planes que tenía formados con los de Toledo...

"Edificó, pues, en él un Alcázar y sacó la tierra de un foso que se hizo en el interior de ese palacio... Al-Hakam mandó a su hijo 'Abd al-Rahman, que entonces tenía catorce años, y a tres de sus ministros, que se fuesen allá". [Tal envío servía como pretexto para que 'Amrus propusiera a los notables de la ciudad que invitaran al príncipe y dar una fiesta en su honor, en el palacio recién construido. Aceptada la invitación por 'Abd al-Rahman, comenzaron a llegar los toledanos] "...los verdugos se colocaron al borde del foso y a todos los que entraban les cortaban el cuello, hasta que ascendió el número de los muertos a cinco mil trescientos y pico[67]. La visión de la espada se le fijó a 'Abd al-Rahman en los ojos; nunca pudo borrarla mientras vivió"[68]. Otros cronistas añaden que

---

[65] C. Sánchez-Albornoz: *La batalla del Guadacelete*, p. 197; Levi-Provençal: *Historia de España, IV, op.cit.*, IV, p. 102.

[66] Montgomery Watt, en *Historia de la España islámica*, Madrid, 1970, p. 40, asegura que la *Jornada* sucedió en 797, sin aportar pruebas de ello. Tal vez lo toma de Levi-Provençal, ignorando que Sánchez-Albornoz (*La saña celosa de un arabista*, C.H.E., XXVIII, 1958, pp. 12-13) probó la fecha verdadera que ya Dozy había fijado en 807: *Historia de los musulmanes en España, II*, 1920, pp. 51 y ss.

[67] Como ya advirtió sensatamente A. Huici (*Las grandes batallas de la Reconquista*), la exageración de las cifras de combatientes y de víctimas es norma casi constante en los cronistas medievales. Si hubieran sido más de 5.000 los ejecutados en la *Jornada* supondría tal vez la mitad de la población; y sin embargo, los toledanos siguieron rebelándose en años posteriores. Tal vez haya que quitar el cero final para dar una cifra, nada pequeña, pero creíble.

[68] Ibn Al-Qutiya: *Iftitah al-Andalus*, trad. de Julián Ribera, pp. 36-39. Insertamos la traducción de Sánchez-Albornoz en *La España musulmana, I, op. cit.*, pp. 157-159. Conf. también, de este autor, *La jornada del Guadacelete*, cit., p. 197.

por tan sangriento espectáculo adquirió el príncipe el tic nervioso de parpadear continuamente, que le duró toda su vida.

Las ejecuciones no terminaron por orden de 'Amrus, sino gracias a un médico de Toledo que, observando que nadie salía del alcázar pese a lo avanzado del día, advirtió lo que estaba sucediendo y avisó a los que aún esperaban, que así pudieron salvarse[69].

Años 811-812

El año 812 falleció 'Amrus y, sin duda alentados por su desaparición de este mundo, los toledanos se rebelaron otra vez contra Córdoba. Sucesivas expediciones enviadas contra ellos, en 813 y 814, no lograron entrar en la ciudad, limitándose a sitiarla pero sin resultados positivos[70]. Al fin y en el segundo de estos años, conseguirán tomarla.

Año 814

Antes del año 815 se mostró insumisa una vez más la ciudad de Toledo, contra al-Hakam I. Esta vez consiguió el emir engañar a los rebeldes enviando una expedición que, según se anunció públicamente como era costumbre, se dirigiría a Murcia. Pero en el camino se desviaron y, a marchas forzadas para adelantarse a los espías toledanos, llegaron a su ciudad cuando los vecinos estaban ocupados en sus faenas agrícolas y sin preparación defensiva alguna[71]. Pudo así entrar la vanguardia dentro del recinto amurallado, mientras que el resto del ejército impedía pasar a los que acudían a defenderla; conseguido esto, fueron expulsados los que estaban dentro, incendiándose numerosos edificios (que suponemos se saquearían primero concienzudamente) del barrio más elevado y estableciendo fuera de la ciudad a gran número de habitantes. Estos tuvieron que entregar rehenes para asegurar su fidelidad y sumisión futuras[72].

---

[69] Dozy: *Historia...*, *op. cit.*, pp. 64-65.
[70] Levi-Provençal: *Historia de España*, V, *op. cit.*, p. 104.
[71] La entrada fue por la noche según Dozy: *Historia...*, II, *op. cit.*, p. 92. Parece difícil de creer, pues las puertas de las ciudades amuralladas se cerraban por la noche.
[72] Ibn 'Idari: *Bayan*, II, *op. cit.*, pp. 120-121, según Torres Balbás en *Historia de España*, V, *op. cit.*, p. 437; Sánchez-Albornoz: *La jornada del Guadacelete*, *op. cit.*, p. 198. Pudo nacer entonces el primer arrabal toledano, La Granja-Antequeruela, poblado por los expulsados.

Año 818

Se sofocó cruelmente la llamada "Revolución del Arrabal" en la ciudad de Córdoba, en la que fueron ejecutados unos 3.000 de sus habitantes y expulsados los demás (hasta Creta llegaron algunos). Numerosos alfaquíes, fautores importantes de la rebelión, se refugiaron en Toledo, donde sin duda contribuyeron a elevar la cultura literaria y religiosa local[73]. Perdonados después en su mayoría por al-Hakam no sabemos si todos regresaron a Córdoba.

Año 820

Un suceso importante para la topografía urbana de la ciudad se fecha en este año. Por orden del jefe de los toledanos (rebeldes, como casi siempre, contra Córdoba en tal fecha), llamado Muhayir ibn al-Qatil, se rodeó con un muro a la judería de la ciudad (*madinat al-Yahud*), no sabemos si para proteger a los hebreos o para aislarlos del resto de los habitantes[74].

Años 829 - 838

El espíritu insurrecto de los toledanos se manifestaba constantemente, con o sin motivo adecuado. En el incendio del año 814 había perdido su casa un joven renegado llamado Hasim al-Darrab, quien emigró a Córdoba, tal vez formando parte del grupo de rehenes entregados al ejército omeya. Allí tuvo que ejercer el oficio de batihoja, en el barrio cordobés de los Herreros, causa ésta de su apellido al-Darrab. Decidió al fin volver a Toledo, en cuya "Jornada del Foso" habían caído parientes suyos y formó, con los numerosos insumisos que fue reclutando, una partida que se dedicó a correr los caminos, asaltando caseríos beréberes y granjas de la región, llegando en sus incursiones hasta Santáver.

Un grupo de tropas enviadas por el gobernador de la Marca, Muhammad b. Rustum, consiguió dispersar a este grupo de bandoleros

---

[73] E. Terés: *Le développement...*, *op. cit.*, p. 74; E. Levi-Provençal: *Historia de España*, IV, *op. cit.*, p. 109.

[74] Ibn Hayyan: *Muqtabis*, I, *op. cit.*, fol. 114 r., según Levi-Provençal: *Historia...*, IV, *op. cit.*, p. 228. El recinto medieval amurallado de Toledo mide 103 ha., y la judería, también cercada y siguiendo los límites de fines del XV, 10,3 ha. Ello nos da un porcentaje de sus habitantes, comparado con el resto, de un 10%, sin contar a los que vivían fuera de su propio barrio, que no eran pocos. Es curioso que nunca se cite a los hebreos toledanos en las abundantes noticias sobre la ciudad que vamos recogiendo.

cerca ya de Daroca, el año 831, muriendo Hasim en la lucha.

Pero los toledanos y, especialmente, los agricultores de la Vega, hicieron causa común con Hasim y demolieron la fortaleza o palacio que había construido 'Amrus para su siniestra jornada. Y equiparon a compañías de soldados, enviando expediciones por el camino a Calatrava, o sea por una antigua calzada romana que unía Toledo con Córdoba, vía central de al-Andalus y de vital importancia por tanto.

Para frenar sus ataques, el emir ordenó destruir las cosechas y las huertas próximas a los sublevados, sin lograr entrar en la ciudad, que les apoyaba plenamente, aunque aquellos sufrieron una derrota cerca de Calatrava[75]. Al fin y como otras veces había sucedido, la deserción de uno de los rebeldes más significados, llamado Ibn Muhayir, hizo fracasar la revuelta. Abandonó Toledo con su grupo y, unido al alcaide de la guarnición de Calatrava le aconsejó cercar a la ciudad y rendirla por hambre. Mandadas las fuerzas cordobesas por al-Walid, hermano de 'Abd al-Rahman II, asedió a Toledo durante un año y al fin la conquistó por asalto, el 15 de junio de 837. Como medida de seguridad, se reconstruyó el alcázar de 'Amrus, cercano al puente de Alcántara[76].

Dos años después de la conquista, a fines de julio de 838, al-Walid b. Al-Hakam salía de la ciudad, considerándola pacificada y segura[77]. Pudo así emprender su hermano el emir, consolidada la ruta tradicional de las invasiones hacia el Norte cristiano, un ataque a Castilla, llegando hasta Sotoscueva, al norte de Burgos[78]. El obstáculo que suponía Toledo en rebeldía, y la distracción de fuerzas que había que dedicar a su asedio, estaba superado para desgracia de Alfonso II.

---

[75] Dozy: *Historia de los musulmanes,* II, *op. cit.,* p. 94.

[76] Ibn 'Idari: *Bayan...,* II, *op. cit.,* pp. 135-138; Ibn al-Atir: *Anales,* p. 209, donde dice que el alcázar dominaba la puerta de la fortaleza (citas de Torres Balbás en *Historia de España,* V, p. 637). Según Nuwayri, tal alcázar estaba "sobre la puerta de los Caballos" *(bab al-Yayl),* cita de *ibid.,* p. 41.

[77] Levi-Provençal: *Historia de España,* IV, *op. cit.,* pp. 133-135; Sánchez-Albornoz: *La jornada del Guadacelete, op. cit.,* pp. 198-199; Dozy: *Historia de los musulmanes,* II, *op. cit.,* pp. 92-95.

[78] *Anales Castellanos,* I, edición de Gómez-Moreno, p. 23.

Año 839

Y tal vez por esta época de paz (que sólo duraría hasta 852) el metropolitano de Toledo Wistremiro presidió un concilio en Córdoba, obispado dependiente de Sevilla, cuyo metropolitano también asistió, pero por lo visto se respetó lo establecido ya en el concilio XIII de Toledo. Presidió el sínodo el arzobispo de esta ciudad[79].

Año 849

Salvo el hecho de su existencia, casi nada más se sabe del metropolitano Gumesindo, sucesor de Elipando en la sede toledana y al que correspondería la ingrata tarea de corregir las consecuencias de los errores de su antecesor. Rivera supone que debió de regir a los toledanos hasta el año 830, siendo sustituido, según el catálogo contenido en el códice *Emilianense* de El Escorial, por Wistremiro, cuya existencia en 849 acredita una carta del futuro san Eulogio dirigida en tal año al obispo de Pamplona, Wiliesindo, diciéndole entre otras noticias que ha estado en Toledo y conocido a su prelado Wistremiro, que califica de anciano vigoroso, "resplandor del Espíritu Santo y luz de toda España"[80].

Hacia el año 858 había fallecido aquél y los toledanos, que debían guardar un buen recuerdo de Eulogio, le eligieron para sustituirle, lo que no autorizó el emir[81]. Y detenido en Córdoba en la conocida oleada de martirios voluntarios de los mozárabes, fue ejecutado el 11 de marzo de 859. No figura, por cierto, en el *Emilianense* citado, lo que no es extraño ya que realmente nunca ejerció su cargo.

---

[79] Simonet: *Historia de los mozárabes, op. cit.,* pp. 126-127. Sin embargo, el sínodo celebrado en 851 fue presidido por Recaredo, metropolitano de Sevilla y sin duda obediente al emir. En él se reprobaron los martirios voluntarios provocados por los mozárabes que, públicamente, abominaban de Mahoma, aunque sin resultado, como es sabido.

[80] J. F. Rivera Recio: *Los arzobispos de Toledo desde sus orígenes hasta fines del siglo XI, op. cit.,* pp. 191-192; Sánchez-Albornoz: "La epístola de san Eulogio y el Muqtabis de Ibn Hayyan", en *Príncipe de Viana,* 72-73, Pamplona, 1958, pp. 265-266.

[81] Álbaro de Córdoba: *Vita... Eulogii,* n. 10, según cita de Rivera en *op. cit.* El cordobés menciona la elección, más como un rumor que como una noticia segura.

Año 850

Comenzó el año con intensas lluvias, que produjeron numerosos daños en todo al-Andalus. Cuenta Ibn al-Atir, en sus *Anales,* que el puente de Écija fue arrasado y destruidos los molinos; el Guadalquivir inundó seis aldeas y el Tajo, durante una longitud de treinta millas, sumergió otras dieciocho[82]. No detalla en qué parajes de su curso se desbordó, pero siendo más abundantes los poblados ribereños antes que después de rodear el río a Toledo, y frecuentes los desbordamientos en invierno y en primavera, que llegaron a dañar el puente en más de una ocasión, no es extraño que fuera afectado el alfoz de la ciudad y especialmente la Huerta del Rey. Y en la orilla opuesta a ésta, el arrabal y su entrada por la puerta del Vado, si es que ambos existían ya a mediados del siglo IX.

Años 852 - 854

Inicia su reinado Muhammad I, muerto su padre el 28 de septiembre, y con deseos de tolerancia hacia los mozárabes que incluso le llevan a libertar a Eulogio aunque, como dijimos, será apresado de nuevo y ejecutado en 859, junto con el obispo de Córdoba.

Pero antes de ello los toledanos volvieron a rebelarse, recordando tal vez los tiempos anteriores al 837 y a pesar de que entonces habían garantizado su sumisión con rehenes, confinados en Córdoba en la *dar al-raha'in* (casa de los rehenes). La proclamación del nuevo emir les sirvió de pretexto (tal vez arguyeran que a él nada le habían prometido), apresaron al gobernador y exigieron para liberarle que antes lo fueran sus vecinos retenidos en la capital, lo cual consiguieron.

Por muchos deseos conciliatorios que abrigara Muhammad, tales actos eran inadmisibles. De momento actuó con prudencia; pero al año siguiente, en junio de 853, su hermano al-Hakam dirigió una expedición a Calatrava, que repobló, recorriendo luego y asolando el valle del Tajo, sin atacar a Toledo de forma directa[83].

A comienzos de 854 envió nuevas tropas contra Toledo, mandadas por Qasim b. al-Abbas, con Taman Abu I-'Attaf al frente de la caballería. Ya destacó Sánchez-Albornoz lo bien que funcionaban los espías entre Toledo y Córdoba, y en esta ocasión cumplieron perfectamente su come-

---

[82] Trad. de Fagnan, p. 225, reprod. por Sánchez-Albornoz en *El reino de Asturias, op. cit.,* p. 731, n. 53.
[83] Ibn 'Idari: *Bayan,* trad. de Fagnan, II, *op. cit.,* p. 153; Ibn Al-Atir, citados por Sánchez-Albornoz en *La Jornada del Guadacelete, op. cit.,* pp. 20-202 y en *La España musulmana,* I, *op. cit.,* p. 223.

tido pues, advertidos de antemano los toledanos, habían enviado a su vez fuerzas hasta las orillas del río Jándula. Acampados los cordobeses en Andújar, fueron atacados por sorpresa en marzo de 854[84], abandonando su campamento, el cual fue saqueado por los rebeldes.

Era natural que en Córdoba se reaccionase con energía, preparando una fuerte represalia. También y como de costumbre, lo supieron los toledanos, quienes pidieron ayuda a Ordoño I, sucesor desde 850 de su padre Ramiro I. Comprendió Ordoño el interés de tal rebeldía en el norte de al-Andalus y envió un numeroso contingente mandado por su propio hermano Gatón, conde del Bierzo y repoblador de Astorga[85]. Por su parte, el propio emir mandaba sus tropas que, probablemente por Oreto, Calatrava la Vieja, Malagón, Urda y Consuegra (camino habitual hacia el norte), avanzó hacia Toledo. Pero no atacó la ciudad directamente, sino que se emboscaron en el arroyo Wadi Salit (Guadacelete, viejo campo de batalla contra los beréberes más de un siglo antes), en el mes de junio de 854.

Un martes de tal mes[86], una pequeña avanzadilla cordobesa se enfrentaba a toledanos y asturianos unidos. Creyeron éstos que no había más enemigos y atacaron decididamente; pero el grueso del ejército del emir, apostado a ambos lados del campo de batalla, detrás unos cerros, atacó a su vez y envolvió a los rebeldes y sus aliados. Los cronistas árabes cifran en 8.000 los muertos en la batalla, cifra que, según la costumbre de la época, habrá que rebajar aunque algunos la elevan a 20.000 nada menos. Ibn al-Atir, más prudente, habla de 8.000 cabezas cortadas y repartidas por al-Andalus, añadiendo que, según decían los propios toledanos, sumaban 20.000 las bajas por ambos bandos -luego los cordobeses no salieron indemnes-, quedando mucho tiempo insepultos los

---

[84] Al traducir Dozy y Fagnan erróneamente Jándula por Síndola, fue inventado un mítico caudillo toledano así llamado y héroe de la victoria de Andújar. El propio Simonet reprodujo el error, pero lo rectificó cumplidamente en la p. 837 de su famosa obra; rectificación que por lo visto no se ha tenido muy en cuenta, pues se sigue repitiendo modernamente e incluso se ha pedido que se dedique una calle de Toledo al Síndola, que nunca existió.

[85] El 6 de mayo de 854 estaba aún Gatón en Astorga: J. Rodríguez: *Ramiro II*, p. 78, nota 46 *in fine*.

[86] Según el poeta, cordobés y sabio, 'Abbas ibn Firnas, que debió formar parte del ejército del emir o al menos se informó puntualmente de la batalla. Véase su poética descripción publicada por E. Terés en "Al-Andalus", XXV, 1960, pp. 239-249, incluyendo las frases pesimistas dichas por un mozárabe toledano, hijo de Yulyus (Julio) a un renegado llamado Mùsà, que tal vez se salvaran de la derrota.

'Abbas ibn Firnas, del que se conocen bastantes citas, cortesano muy afecto a Muhammad I, fue el descubridor de un procedimiento para fabricar cristal y, además, un precursor de la aviación, efectuando vuelos en público; cfr. E. Terés, Al-Andalus", XXIX (1964), pp. 365-369; J. Vernet: *El Islam y Europa*, (Barcelona, 1982), p. 24.

cadáveres a orillas del arroyo[87]. Ibn Hayyan agrega la noticia, que parece verídica, de que fueron apresados varios sacerdotes que acompañaban a los asturianos, los cuales fueron decapitados de inmediato. En cambio, el conde Gatón no murió, pues en 878 vivía aún, interviniendo en un juicio[88].

A pesar de la victoria, Muhammad no se atrevió a atacar seguidamente a Toledo, sin duda por estimar que el triunfo no había sido decisivo y no los había debilitado lo suficiente, ni menos aún a sus fuertes murallas. Al año siguiente, en cambio, atacó Álava y Castilla, destruyendo las cosechas y varias fortalezas[89].

Año 855

Seguía la insumisión de Toledo y, con claro propósito de aislarla, ordenó Muhammad I instalar fuertes guarniciones y tropas de caballería en Calatrava y Talavera, nombrando gobernador de esta villa a Härit b. Bazi[90]. Según Jiménez de Rada, guarneció también Zorita[91]. Quedaba así rodeada la ciudad rebelde por las tres vías más importantes de acceso, Sur, Oeste y Este; pero su prolongada rebeldía servirá para que la repoblación cristiana avance y sobrepase el Duero, consolidándose bajo el escudo representado por la rebelión toledana, que atraía como primer objetivo la actividad bélica cordobesa. Actividad que, de no hallar este primer obstáculo en su camino -obstáculo militar y, quizá más aún, psicológico, por razones de prestigio- se hubiera dirigido directamente hacia el norte.

El llamado Baño de la Cava cabeza de un puente de barcas, en la orilla derecha del Tajo, recientemente restaurada.

---

[87] Trad. de Fagnan, p. 232. Seguimos la narración y citas de Sánchez-Albornoz en *La jornada...,op. cit.*, pp. 20 y ss.

[88] Flórez: *España Sagrada*, XVI, *op. cit.*, pp. 424-426; J. Rodríguez: *Ramiro II, op. cit.*, p. 177.

[89] *Ibidem*, nota 87, pp. 202 y ss.

[90] Ibn 'Idari: *Bayan,*II, *op. cit.*, p. 153; Sánchez-Albornoz: *La jornada...,op. cit.*, p. 225.

[91] *Ibid.*, p. 213 (citamos por la reedición en *El reino de Asturias,* III, del excelente estudio sobre esta batalla).

Años 856 - 858

Un paso más intentó Muhammad I el año siguiente: sitiar a Toledo, con tropas dirigidas por su propio hermano al-Mundir, las cuales destruyeron los víveres de los alrededores según Ibn 'Idari[92]. Más que un verdadero sitio, aunque así pudiera haberse proyectado, se trató de una *razzia*, acabada la cual sin resultado práctico regresaría el ejército a Córdoba.

Al año siguiente contraatacaban los rebeldes, enviando una expedición contra Talavera, fiel al emir y regida por Mas'ud b. 'Abd Allah. Les salió mal, pues éste organizó una emboscada (también tendría sus informadores) que costó a los toledanos 600 muertos, según Ibn al-Ati y Jiménez de Rada, cuyas cabezas envió a Córdoba[93].

Irritado sin duda el emir, el 19 de abril de 858 salió un ejército de Córdoba mandado por él en persona contra los toledanos, "cuyo número había disminuido y cuyo valor se había enervado como consecuencia de sus repetidos fracasos y de las desgracias que habían padecido...", pero que seguían insumisos. Se luchó por la posesión del puente[94] sobre el Tajo, que los ingenieros del emir minaron sin que los toledanos lo advirtieran -cosa difícil de creer, desde luego; que no pudieran impedirlo es ya otro asunto- y, al retirarse sus soldados repentinamente, fueron perseguidos por los sitiados, cayendo el puente con los que estaban sobre él[95]. Tal suceso, que los cronistas exageran en cuanto a sus consecuencias, fue cantado por el poeta áulico Abbas b. Firnas, quien anatematiza a los toledanos por considerarlos infieles[96].

---

[92] *Bayan al-Mugrib*, trad. de Fagnan, II, *op. cit.*, p. 158. Sánchez-Albornoz cree que este al-Mundhir era hermano y no hijo de Muhammad I: *La jornada...*, *op. cit.*, pp. 213-214.

[93] Ibn 'Idari, sin duda por error del copista, reduce a 7 los muertos. Sánchez-Albornoz: *op. cit.*, p. 214.

[94] R. Amador de los Ríos afirmaba que el puente era de barcas, pero sería el de Alcántara ya que aquél no precisaba minado alguno; bastaba con cortar las cuerdas que sujetaban las barcazas, para inutilizarlo. Y lógicamente sería lo primero que hicieran los toledanos (desamarrando y no cortando, claro está) en cuanto se aproximaran enemigos por esa zona.

[95] Ibn 'Idari: *Bayan*, II, *op. cit.*, p. 153; Levi-Provençal: *Historia de España*, IV, *op. cit.*, pp. 189-192. Debió de destruirse sólo el arco de la izquierda, el más fácil de minar para un atacante. Tal vez entonces se reconstruyó la parte volada sin construir de nuevo el arco, sino macizándolo como ahora lo vemos, para mayor seguridad del paso.

[96] E. Terés: *Le développement...*, *op. cit.*, p. 75. Sobre el origen legendario de este puente, véase *supra*, nota 55. La leyenda de que Julio César fracasó en su intento de tomar Toledo, que recogió Ibn Hayyan en *loc. cit.* debe de ser una justificación de que Muhammad tampoco lo consiguiera. La puerta de Alcántara, que da acceso al puente desde la ciudad, se cita por primera vez, que sepamos, en la *Cronica Adefonsi Imperatoris* (edición de S. Belda, 1950), parág. 157.

Año 859

Maltratados debieron de quedar, o quizá faltos de víveres, los toledanos después de estos ataques. Y así, el 8 de abril de 859 pedían espontáneamente la paz o amnistía *(amán)* al emir, que éste les concedió, siendo ésta la primera amnistía que consiguieron[97].

Por poco tiempo, pues pronto se sublevaban de nuevo, pidiendo ayuda al caudillo aragonés, descendiente del conde visigodo Casius, que pactó con los invasores (como el de Tudmir, pero además haciéndose musulmán) en 712, Musà b. Musà, quien se titulaba "Tercer Rey de España". Aceptó éste y les envió como caudillo a su primogénito Lubb (Lope) b. Musà[98]. Sin embargo, el mismo año era derrotado el padre por Ordoño I en la batalla de Albelda[99] y obligado a huir. Al conocerse en Toledo el resultado de la batalla, Lope se sometió al rey asturiano y combatió a su lado en varias ocasiones contra las tropas cordobesas[100]; probablemente Toledo se sometió al emir de nuevo y su primer gobernador de la familia Banu Musà falleció varios años después, el 27 de abril de 875, en una cacería, aunque descendientes suyos volverían a regir la ciudad del Tajo, como veremos.

Años 871 - 875

Una noticia urbanística vemos en este año. Estaba la mezquita mayor de Toledo (antigua catedral visigoda) junto a una iglesia y, habiéndose caído el alminar de la primera, los toledanos pidieron al emir autorización -que les fue concedida- para reconstruirla y para unir a su templo aquella iglesia que estaba contigua a la sala de oración[101]. Seguían, pues, obedientes a Córdoba o al menos con buenas relaciones en lo externo. Pero en 875 se rebelaron otra vez, dando lugar a que Muhammad I fuera a la ciudad, les exigiera rehenes e indemnizaciones (tributos atrasados más bien, ya que la primera medida siguiente a rebelarse era no pagar) y les impuso como gobernador a su hijo al-Mutarrif[102].

---

[97] Ibn 'Idari: *Bayan*, II, *op. cit.*, p. 157.

[98] *Crónica de Alfonso III*, edición de Gómez-Moreno, p. 620. Recogida la noticia en la *Historia Silense*, edición de Pérez de Urbel, parágr. 38, p. 148 de la edición de 1959.

[99] *Ibid.* Conf. el estudio de Sánchez-Albornoz: *Vascos y Navarros en su primera historia*, Madrid, 1976, 2ª edic., pp. 259 y ss.

[100] *Ibid.*, p. 360, dejando sin valor su primera suposición (p. 260) de que Lope fuera entregado como rehén al emir.

[101] Ibn Hayyan: *Muqtabis*, I, *op. cit.*, fol. 269 vº, según cita Levi-Provençal (único poseedor de este tomo, perdido al fallecer aquél) en *Historia de España*, V, *op. cit.*, p. 125, indica que "al parecer se ha encontrado en Egipto, y ha sido editado recientemente por J. Vallvé y F. Ruíz Girela: *La primera década del reinado de al-Hakan I, según el Muqtabis II, de Ben Hayyan de Córdoba*, Madrid, Real Academia de la Historia, 2003.

Puerta de Alfonso VI

Año 882

No sabemos por cuanto tiempo se restableció en Toledo la autoridad de Córdoba, pero no debió durar mucho. El año 882, Muhammad ibn Lubb, nieto de Musà y bien relacionado por el rey asturiano Alfonso III, regía de nuevo la vida de la ciudad o al menos mandaba sus tropas si era, como sus ascendientes, buen guerrero; tal vez como un mercenario a sueldo de sus gobernadores, que preferían mantenerle a pagar sumas mayores en tributos a Córdoba[103].

Por aquellos años, 881-882, corría entre los mozárabes toledanos una supuesta profecía de Ezequiel, que anunciaba que el día de san Martín (11 de noviembre) de 884, finalizaría el dominio musulmán en España y vendría por tanto el triunfo por tanto de los cristianos, o sea, de Alfonso III. Un clérigo mozárabe toledano, Dulcidio, emigrado a Asturias hacia el año 881 y embajador en Córdoba de aquel monarca, conoció tal profecía y escribió la llamada hoy *Crónica Profética,* en la que en base al suceso esperado (y que desde luego no se produjo) describía la historia y anotaba la cronología de aquellos años, documento terminado en 884 y que fue incorporado por el propio Rey Magno a su *Crónica de Alfonso III,* valioso documento llegado a nosotros[104].

Y volviendo al gobernador nieto de Musà, su amistad con el rey cristiano se rompió el mismo año 882. Había enviado el emir una expedición contra los rebeldes Banu Qasi aragoneses y, en segundo lugar, para atacar a Alfonso III. Mandaba el ejército su general preferido, Hasim ibn 'Abd al-Aziz, oficialmente como consejero del príncipe y futuro emir al-Mundir, que asistía a la expedición lógicamente como su jefe. No debieron pasar por el mismo Toledo, ya que no estaba sometido a Córdoba por entonces, sino que subirían por el paso de las Guadalerzas y, siguiendo el Algodor, continuarían hacia el Norte por Titulcia (hoy Bayona) hacia Zaragoza. Marcharon primero contra Tudela, regida por Fortun ibn Musà, sin

---

[102] Levi-Provençal: *Historia de España,* IV, *op. cit.,* pp. 192-193.

[103] Ibn Hayyan: *Muqtabis,* trad.Guratea en *Cuadernos de Historia de España,* XXVIII, 1958, p. 168.

[104] Sánchez-Albornoz en *El Reino de Asturias,* III, *op. cit.,* pp. 540 y 543-547; *ibid.,* 729 a 740. En la batalla de Valdejunquera del 920, ya obispo Dulcidio, cayó prisionero de 'Abd al-Rahman III y fue llevado a Córdoba, pero debió de ser rescatado pronto.

Sobre las *Crónicas Proféticas* y de *Alfonso III,* vid. el vol. VII, 1, de la *Historia de España* de Menéndez Pidal, escrito por Sánchez-Albornoz, pp. 651 y ss., y especialmente, M. Gómez Moreno: "Las primeras crónicas de la Reconquista: el ciclo de Alfonso III", en *Boletín de la Real Academia de la Historia* (B.R.A.H.), C, 1932, pp. 562 y ss.

lograr tomarla; y en esto se les unió el propio Muhammad ibn Lubb con sus soldados toledanos, refuerzo en verdad inesperado. Pues celoso éste de que Alfonso III hubiera confiado su hijo Ordoño, futuro rey, a sus parientes los Banu Qasi y no a él, decidió mostrar pleitesía al emir y unirse a los que iban a combatir a sus tíos[105].

Aunque tal gesto, aparte de enemistarle lógicamente con Alfonso, de poco sirvió para los fines del emir, pues el verdadero propósito del general Hasim era rescatar a su hijo, cautivo del rey cristiano, bien seguro ahora detrás de los fuertes muros reconstruidos de León. Ofreció, pues, a Alfonso III regalos valiosos (libros entre ellos, muy apreciados por el rey cronista) y cautivos amigos del rey, quien acepto el trueque y la hueste islamista regresó a Córdoba contra el parecer del joven al-Mundir y con muy escasos logros de su expedición, salvo los buscados, para sí mismo, por su general[106].

En los años revueltos que rigieron al-Mundir (886-888) y 'Abd Allah (888-912) se sucedieron las rebeliones contra Córdoba. Ibn Marwan "el Gallego" señorea Badajoz y ataca Castilla por su cuenta; Muhammad ibn Lubb gobierna en Zaragoza y sus alrededores y pelea también contra los cristianos, mientras que 'Umar ibn Hafsun, el rebelde de Bobastro, que al final incluso se hará cristiano, es el principal y más amenazador enemigo de los emires, desde el año 884. No les quedaba a éstos tiempo, ni hombres, para pensar en luchas en el intento de conquistar a Toledo. Como escribió Sánchez-Albornoz, los últimos quince años del siglo IX coinciden con la crisis mas grave del emirato cordobés, "cuando 'Abd Allah apenas era respetado mas allá de los muros de Córdoba" (Hist. Esp. VII, p. 664).

Bóvedas de la Mezquita del Cristo de la Luz

[105] *Albeldense*, edic. Gómez Moreno en *B.R.A.H.*, C, 1932, p. 606. Sobre la biografía de Hasim, *vid*. Mª. Mercedes Abuim en *Cuadernos de Historia de España*, XVI, pp. 119 y 133, Buenos Aires, 1951, especialmente pp. 119 y ss. Ibn Marwam "El Gallego" había apresado al hijo de Hasim, enviándole a Alfonso III.
[106] Sánchez-Albornoz: *El reino...* III, *op. cit.*, pp. 525 y ss. Al comenzar su reinado al-Mundir una de sus primeras decisiones fue ejecutar a Hasim: *ibid.*, p. 539.

Año 888

Desde que fue entronizado al-Mundir, pocas noticias, y algunas inseguras, nos llegan sobre Toledo. Parece que la ciudad siguió en su habitual estado de rebeldía, capitaneada por un agitador llamado Lope b. al-Tarbisa[107], quien consiguió la ayuda -lógicamente interesada- de un caudillo beréber de Santáver, de la tribu de Hawwara, llamado Musà ibn Zennun, apellido éste que arabizó luego como Di I-Nun[108]. Envió éste a Lope nada menos que 20.000 (sic) beréberes y derrotó a los toledanos opuestos a Lope -que serían por tanto partidarios de Musa ibn Lubb, si es que no había un tercer aspirante a la jefatura- el 16 de febrero de 888[109]. No sé cuanto tiempo duró el gobierno de aquél, si así puede titulársele; tanto Levi-Provençal como fray Justo Pérez de Urbel estiman probable que perdurara hasta el año 906[110], fecha esta que no se compagina bien con otras noticias que expondremos a continuación.

Año 893

Los ánimos estaban, en todo caso, revueltos dentro de la ciudad, provocando emigraciones hacia el norte. Un grupo de mozárabes huidos a Asturias fueron bien acogidos por Alfonso III, quien les encomendó la repoblación de Zamora, desierta por entonces[111]. Entonces construyeron sus defensas conforme a los planos llevados por uno de ellos[112], que lógicamente reproducirían las fortificaciones toledanas, cuya seguridad y eficacia defensiva habían sido bien demostradas durante los ataques infructuosos de las tropas de Córdoba.

---

[107] Titulado "Señor de Toledo", los traductores del vol. V del *Muqtabis* sugieren que Tarbisa podría ser un apodo mozárabe, igual a "Tres Pies" (*op. cit.*, p. 400).

[108] Sobre esta familia, que tanta importancia tendrá en el futuro para Toledo, *vid.* la tesis inédita de Abdul Mayid Naanahi: *Los Banu Di I-Nun de Toledo* (manejamos su extracto, edic. de la Universidad Complutense, Madrid, 1961).

[109] Levi-Provençal: *Historia de España*, IV, *op. cit.*, pp. 204-205; J. Pérez de Urbel: *Sampiro, su Crónica y la monarquía leonesa en el siglo X*, Madrid, 1951, pp. 367-368.

[110] *Vid.* nota anterior.

[111] M. Gómez-Moreno: *Iglesias mozarabes*, Madrid, 1919, pp. 106-107, según noticia de Miguel Asín.

[112] "En este mismo año (280 heg. / 893) Alfonso B. Urdun, rey de Galicia, reconstruyó con ayuda de arquitectos toledanos dirigidos por un cristiano de Toledo la destruida ciudad de Zamora, fortificándola y entregándola a los cristianos. Desde entonces floreció y aumentó su población..." (relato de Ahmad al-Razi copiado por Ibn Hayyan en *Muqtabis,* trad. de Guraieb en *Cuadernos de Historia de España*, XXV – XXVI, p. 336, *apud*, J. Rodríguez en *Ramiro II, rey de León, op. cit.*, p. 299 y nota 124).

Años 897 - 898

No parece que sufrieran conformes los toledanos el gobierno del Di l-Nun o de sus delegados. A comienzos de este año 897, llamaron a Muhammad ibn Lubb quien entró en la ciudad, dejando como gobernador a su hijo Lope ibn Muhammad ibn Lubb, regresando luego a la Marca Superior[113]. Al año siguiente, 898, marchó Lope hacia Jaén, atacando y conquistando Cazlona, que señoreaba el muladí Ibn as-Saliya, mientras aguardaba a un mensajero de 'Umar ibn Hafsun que se había aliado con Muhammad contra Córdoba. Pero cuando 'Umar se dirigía al lugar convenido para el encuentro, recibió Lope la noticia de que su padre había muerto de una lanzada, recibida a las puertas de Zaragoza, ocupada por los Tuyibies (Abu 'Abd al-Rahman al-Tuyibi) el 4 de octubre de 899. Sin esperar más a 'Umar regresó a su morada, dice Ibn Hayyan[114], no sabemos si a Toledo o a Tarazona; parece sin embargo que los toledanos, conocedores también de la muerte de Muhammad, debieron de sustraerse al gobierno de su hijo Lope. O bien es que éste, nada falto de la ayuda paterna se había reconciliado entre tanto con el emir, se desentendió de la antigua ciudad regia, dedicándose a luchar contra Alfonso III y generalmente con éxito.

Año 903

Pero los toledanos debieron pensar que era preferible Lope, caudillo semi-independiente, que el emir legítimo, bien poco respetado por entonces. O tal vez impresionados por las victoriosas acciones del Banu Musa, prefirieron tenerle de su parte; pues sitiado aquél por Alfonso III en Tarazona, le derrotó sin embargo el asediado, causándole tres mil bajas[115]. Y el 31 de octubre de 903 entraba de nuevo en Toledo, dejaba en ella para regirla en su nombre a su hermano Mutarrif y regresaba de nuevo a tierras del Ebro[116]. A Mutarrif le sucedió en el cargo su pariente Muhammad b. Isma'il b. Musa, hasta el año 906[117], mientras el nuevo jefe

[113] Muqtabis de Ibn Hayyan, trad. M. Antuña, cit. por Sánchez-Albornoz en Vascos y navarros..., op. cit., p. 179, n. 12 y 181, n. 20 y Cuadernos de Historia de España, XIII, p. 56; Levi-Provençal: Historia de España, IV, op. cit., pp. 205 y 245.

[114] En Vascos y navarros..., op. cit., se reproduce el texto del Muqtabis, trad. de M. Antuña, con estos sucesos, que también recoge el Bayan al-Mugrib más sucintamente (pp. 181-182, n. 22).

[115] Sánchez-Albornoz: Vascos y navarros..., op. cit., p. 182; El reino..., III, op. cit., pp. 570 – 571.

[116] Para seguir sus luchas con Alfonso, Ibid., p. 183, noticia de Ibn Hayyan. Conf. Muqtabis, trad. de Guraieb, en Cuadernos de Historia de España, XXIX – XXX, 1959, p. 351.

[117] Ibid., p. 184, nota 30; Levi-Provençal: Historia de España, IV, op. cit., p. 245.

de los Banu Musa guerreaba sin cesar, atacando al conde de Pallars -mal enemigo por cierto-, sitiando a Zaragoza o *razziando* a Álava.

Año 905

Pero los días del temerario luchador Lope ibn Muhammad, digno heredero de la "furia gótica", estaban contados. Había nacido el año 869; en 896 derrotaba ya al señor de Huesca, al-Tawil, arrebatándole Lérida; atacó después por tierras catalanas, oponiéndosele Vifredo el Velloso al que el propio Lope hirió de una lanzada, de la que murió a los pocos días. También Alfonso III había sido derrotado por él, perdiendo tres mil hombres, como hemos visto.

Alfonso III se entrevistó con Fortún, anciano rey de Navarra y que sin duda no deseaba complicaciones. Al no conseguir su alianza, debió concertar el leonés con el conde de Pallars un golpe de Estado, que colocó en el trono de Pamplona a Sancho Garcés, hijo de doña Dadildis, hermana del conde. Quizá por conocer este cambio de la situación, los toledanos se rebelaron poco después contra el tío de Lope, Muhammad b. Isma'il, asesinándole en 906 y recibiendo a Alfonso III amistosamente[118], entregándole valiosos regalos, como dos dípticos de marfil y un antiguo *lignum crucis* que el rey Magno regalo a San Salvador de Oviedo en 908[119]. El 29 de septiembre de 907 cayó Lope en una trampa tendida por el nuevo y enérgico rey navarro, y pereció en el combate. Tenía 38 años y su vida había sido un continuo batallar, casi siempre victorioso.

Faltos de su energía y de su habilidad guerrera, sus territorios se desintegraron. Castilla pudo avanzar de nuevo hasta ganar, en 912, las márgenes del Duero. Los toledanos, careciendo otra vez de un jefe no subordinado al emirato, tuvieron que buscar otro y acudieron de nuevo al medio mozárabe Lope b. al-Tarbisa, posiblemente refugiado con los Banu Di l-Nun, o bien les fuera recomendado por Alfonso III[120]. Seguía rigiendo la ciudad el año 922, ya con el nuevo emir, Abd al-Rahman III[121], por lo que debemos suponer una etapa pacífica en la antes revoltosa población. Esta etapa al menos duraría trece años, lo que era realmente una novedad.

---

[118] Sánchez-Albornoz: *op. cit.*, pp. 185 – 186. Se desconoce la fecha de esta visita, tal vez realizada en 907 – 908 a juzgar por la entrega de la reliquia a San Salvador.
[119] *Ibid.*, p. 186 y n. 38. *La Historia Silense*, en su traslado de la *Crónica* del obispo Sampiro, fecha estos regalos en la era 939 (año 901). *Vid.* edición de fray J. Perez de Urbel, p. 162. *Vid.* Sánchez-Albornoz, *Cuadernos de Historia de España*, I-II, p. 329.
[120] *Ibid., El reino...*, III, *op. cit.*, pp. 582-584.
[121] Ibn Hayyan: *Muqtabis*, V, *op. cit.*, p. 129 de la traducción de 1981.

Año 908

En este año falleció en Santáver Musà b. Di l-Nun, el amigo de Lope b. al-Tarbisa y que, igual que los toledanos, mantenía una independencia de hecho con respecto a Córdoba en su feudo conquense. Su extenso territorio se dividió entre sus tres hijos: Yahyà b. Musa b. Di l-Nun, el mayor, se instaló en Huélamo; Yahyà b. Abi l-Fath, en Uclés, y Mutarrif en Huete. Los dos primeros, conservaban su autonomía en el año 924, si bien de regreso de Tudela, Abd al-Rahman III les llamó al orden por no haberle acompañado en su expedición al Norte; ambos se le sometieron y presentaron sus excusas, siendo perdonados[122].

Año 922

Había iniciado 'Abd al-Rahman III una expedición contra Castilla el 3 de junio de este año, cuando el gobernador de Guadalajara le comunicó que había vencido a tropas cristianas que le habían atacado, pillado el ganado y puesto sitio a Alcolea. Regocijado el califa futuro con tan buenas nuevas, emprendió la marcha y llegó a Toledo, acampando ante sus puertas. Los toledanos tuvieron que mostrarse conciliadores y "su señor, Lope b. al-Tarbisa, se apresuró a unirse a la expedición... manifestando un acatamiento que encubría rebeldía", como dice Ibn Hayyan[123], quien deja constancia de que el emir no se dejó engañar por tal sumisión. Siguió el ejército hasta Osma, que fue asaltada, así como Castro-Muros (San Esteban), Clunia y Muez[124].

No consta la fecha, pero fue desde luego después del 922 cuando Lope b. al-Tarbisa cesó como caudillo de los toledanos, pues el año 932 era jefe de estos, como luego diremos, Tha'laba b. Muhammad b. 'Abd al-Warit. En todo caso, la influencia que antes tuvieron en Toledo los señores de Santáver seguía siendo ineficaz o tal vez desaparecida del todo, pues el año 926, insumisos estos Di l-Nun a Córdoba nuevamente, enga-

---

[122] Levi-Provençal en su *Historia de España*, IV, *op. cit.*, pp. 245-246, fechando la sumisión de ambos Yahyà en el año 925. La reciente traducción de *Al-Muqtabis*, p. 151, relata con más detalle esta reprimenda del emir, que data en agosto de 924. En todo caso debió de reducirse o desaparecer la intervención de esta familia en los asuntos toledanos, que había iniciado Musà y que no se repetirá hasta su descendiente Isma'il al-Zafir, primer rey de la dinastía taifa de Toledo.

[123] Al-*Muqtabis*, V, *op. cit.*, p. 129 de la traducción citada de 1981.

[124] Ibn 'Idari recoge casi textualmente la misma noticia: "El príncipe Lope ben Tarbisha se apresuró a ir a su encuentro para combatir a sus órdenes, proclamando una sumisión que no era más que apariencia" (*Bayan*, II, p. 292, citado por Levi-Provençal en *Historia de España*, IV, *op. cit.*, pp. 275-276).

ñaron al gobernador de Zorita Jalaf b. 'Abdus, apodado Ibn Qatin, al que hicieron prisionero y poco después le dieron muerte. Resistió, sin embargo, la hermana del gobernador, refugiada en la fortaleza de la villa, y pidió socorros a Córdoba. Envió el emir a su visir y caíd 'Abd al-Hamid b. Basil, quien en marzo-abril de 926 derrotó a los rebeldes, recobrando la villa de Zorita y matando al jefe de aquéllos, que Ibn Hayyan llama Muhammad b. Muhammad b. Di l-Nun, junto con varios de sus hombres. Desde entonces, el antes semi-independiente distrito de Santáver pagó tributos a Córdoba y se sometió a la obediencia del emir[125]. La consecuencia lógica de esta sumisión (aunque fuera forzada) es que, al menos oficialmente, se desentendieran de Toledo para no crearse nuevas complicaciones, ya que seguía la rebeldía de esta ciudad.

Año 926

Falleció en este año el metropolitano mozárabe Juan, ultimo de los toledanos que recoge el *Códice Emilianense*[126]. Desde este año, hasta el de 958-60 en que se cita a otro prelado, llamado por los cronistas árabes 'Ubayd 'Abd Allah ibn Qasim[127], -sin que conozcamos, como en otros casos sucede, su nombre cristiano como era habitual entre los mozárabes- falta toda referencia a quién o quiénes rigieron la sede toledana. Parece lógico suponer, como creen Flórez, Burriel y García Villada, que hubiera mas de uno en este lapso de tiempo; pero nada sabemos de ellos.

Año 929

Debió estimar 'Abd al-Rahman III, emir desde 912 (y autocalificado al-Nasir, "El Victorioso") que había ganado con creces un cambio en su título principesco al conquistar, por fin, Bobastro y además Lérida. Así, el 16 de enero de 929 se proclamaba califa y se dijo ya en su nombre la oración en el alminar de la mezquita mayor de Córdoba[128]. Aumentaba con esta proclamación su prestigio y negaba de paso toda obediencia al

---

[125] *Muqtabis*, V, p. 157 de la traducción. Más datos en la *Historia de España*, IV, *op. cit.*, p. 278, texto de Levi-Provençal, que no recogemos por no tener relación con nuestro tema.
[126] "Joannis. Era DCCCLXIIII obiit", dice el Códice, fol. 360. Conf. J. Rivera Recio: *Los arzobispos...*, *op. cit.*, pp. 21-22 y 195 y ss.
[127] Dozy: *Historia de los musulmanes en España*, III, *op. cit.*, 1930, p. 95. Ubayd 'Abd Allah significa, por cierto, "pequeño Siervo de Dios"; Qasim indica su origen visigodo.
[128] *Muqtabis*, V, *op. cit.*, pp. 184-185.

califato fatimí, del que antes dependía Córdoba en el aspecto religioso. Instaló también una ceca en la capital para acuñar dinares y dirhemes de oro y plata puros[129] y cambió los visires y gobernadores de los distintos departamentos oficiales y de los distritos o "coras" en que se dividía el territorio. Entre estos últimos, los gobernadores se relacionan a la cora de Santáver, encomendada a un Banu Di l-Nun llamado Yahyà b. Abi l-Fath, que debe de ser el hijo segundo de Musa y que, evidentemente, seguía obediente a Córdoba; Talamanca, Calatrava, Talavera (donde lo fue 'Abd al-Malik b. Marwan), Madrid, Atienza y Guadalajara, todas ellas colindantes con Toledo, sujetas a la autoridad del califa. Pero no figura Toledo como destino de ningún gobernador porque, evidentemente, seguía gobernándose a sí misma[130] aunque peligrosamente rodeada por los territorios que seguían las órdenes de Córdoba.

Año 930

No era de esperar que Abd al-Rahman tolerara tal estado de cosas, máxime cuando no tenía que distraer fuerzas en otros conflictos interiores, ya superados. Así, al año siguiente de ostentar el califato, en febrero, envió a Toledo a una delegación de notables cordobeses, presidida por dos alfaquíes o maestros de la Ley coránica[131], para exhortar a los toledanos a que regresasen a la obediencia. Estos enviados fueron desde luego recibidos, pero sólo recibieron, como en otras ocasiones, promesas ambiguas con el propósito oculto de que, dando tiempo, llegase la hora de la recolección y pudieran aprovisionarse los rebeldes para una resistencia más firme, si llegaba el ataque que era de esperar. Los toledanos les entregaron una carta para el chambelán Musà b. Muhammad (no sabemos si porque le conocían o simplemente por ser un personaje influyente en la corte califal), rogándole que aplacara el enfado del califa.

Pero aquél no se dejó engañar y les contestó muy pronto, censurándoles y advirtiéndoles que serían atacados, por ser desleales, por no pagar tributo y porcontinuar en su rebeldía.

En el mes de abril del mismo año se hacía la solemne "parada de la aceifa" (alarde, lo llamaban los cristianos) con las primeras tropas preparadas contra los rebeldes, a guisa de acto propagandístico para reclutar soldados y atemorizar, si fuera factible, a los enemigos; y el 23 de

---

[129] *Ibid.*, p. 185.
[130] *Ibid.*, p. 193. Figuran también los gobernadores de Córdoba y Trujillo.
[131] Eran estos alfaquíes Muhammad b. 'Abd al-Malik b. Ayman y Muhammad b. Ibrahim b. 'Isà, con otros servidores, según anota Ibn Hayyan, p. 212.

mayo salía el ejército hacia Toledo, mandado por el visir y caíd Sa'id b. al-Mundir al-Qurasi. En ocho días -el trayecto se cubría normalmente en nueve jornadas- llegaron a la vista de la ciudad y comenzaron el asedio; y el 29 del mismo mes partía el propio califa con numerosos refuerzos, acompañado de su primogénito y heredero al-Hakam y su hermano al-Mundir. Se detuvieron al llegar al río Algodor, dominado por el castillo de Mora que regía, por los toledanos, Mutarrif b. 'Abd al-Rahman b. Habib. Intimaron a este para que se rindiera, por lo que el alcaide "por necesidad se apresuró a hacer, al no haber modo de resistir", entregando la fortaleza y siendo perdonado por al-Nasir.

El paso siguiente (un día de marcha entre ambas poblaciones) era ya el ataque a Toledo. Se encerraron los vecinos en la ciudad, mientras los asediantes saqueaban las cosechas y el califa situaba sus reales en Zalencas (*Yarankas*), cercana a Azucaica[132] y por tanto de Toledo, bien a la vista de los rebeldes: "...puerta de Toledo en el río, entre vergeles, viñas y jardines... pero pareciéndole más perjudicial e irritante acampar en el cementerio a las puertas de la ciudad, se trasladó allí al día siguiente" (ante la puerta de Bisagra y en las ruinas del circo romano); "en aquella acampada estuvo treinta y siete días, talando árboles, demoliendo alquerías, asolando cosechas y destruyendo recursos"[133].

Y para dejar bien claro su propósito de no levantar el campo hasta que se rindieran, mandó construir en el cerro de Zalencas una ciudad-campamento, que tituló Madinat al-Fath, "Ciudad de la Victoria", sistema imitado, por cierto, por los Reyes Católicos cuando fundaron Santa Fe. Situó en ella al visir y caíd Sa'id b. al-Mundir y, como excelente medida táctica, colocó al hijo de este, Muhammad b. Sa'id, con un fuerte contingente a la salida del puente de Alcántara, con lo que cerró toda posible salida, y toda posible ayuda ajena a los cercados.

El ejemplo del alcaide de Mora se repitió con los de los castillos de Canales y Alamín. Controlaban éstos las vías naturales de acceso a Toledo desde el Norte, siguiendo los valles de los ríos Guadarrama y Alberche, respectivamente; por tanto, el enlace directo con León y Castilla. Con ellos hubieran podido los sitiados esperar refuerzos de los cristianos, como ocurrió durante la batalla de Guadacelete; pero sus alcaides, aunque dependían de Toledo, prefirieron cambiar oportunamente de bando y se presentaron espontáneamente al califa, acogiéndose a su obediencia. Éste confirmó sus esperanzas y los recibió y agasajó, disponiendo su

---

[132] Sobre la situación de esta finca, donde se construyó la Ciudad de la Victoria, *vid.* nuestra *Historia de las calles de Toledo*, III, Toledo, Zocodover, 1982, 2.ª edic., p. 1535.
[133] Ibn Hayyan: *Muqtabis*, V, pp. 213-214.

traslado a Córdoba y su "ingreso en el rol militar con amplias mercedes, para corresponder a su defección e intención"[134]. Estando ya controlado el acceso por el Oeste, cerrado por la plaza fuerte de Talavera, y desde el Oriente mediante el distrito de Santáver, el cerco quedaba cerrado y 'Abd al-Rahman regresó tranquilamente a Córdoba, dejando bien abastecido el ejército y cómodos a sus soldados en la Ciudad de la Victoria. El 23 de julio salía de Toledo, entrando en su alcázar cordobés el 2 de agosto, tras 61 días de campaña. Al año siguiente, 931, conquistaba Ceuta con la previa conformidad de sus habitantes[135].

Año 932

Pocas esperanzas les quedaban ya a los toledanos, cercados constantemente, "tan rodeados y aislados como quien está en red de cazador", como dice Ibn Hayyan. Como último recurso pidieron auxilio a Ramiro II, quien reinaba en León desde el verano de 931, en que sustituyó a su hermano Alfonso IV. Pero cuando aquél, desde Zamora, organizaba una expedición de socorro, supo que su hermano había dejado su retiro monástico y, apoyado por los condes Banu Gómez y Ansúrez, intentaba recobrar el trono. Naturalmente que para Ramiro era mucho más urgente este asunto que apoyar con energía a los toledanos, por lo que actuó con rapidez y redujo pronto al rebelde, tal vez en mayo de 932[136]. Llegaron, sin embargo, noticias de sus primeros preparativos a Córdoba, que el mismo Ibn Hayyan recoge como dos expediciones distintas[137], pero debieron limitarse los leoneses a una ligera expedición de tanteo, que se retiró al comprobar la fortaleza del enemigo y tener que emplearse a fondo en su problema interno.

El 9 de junio de 932 tenía lugar un nuevo alarde bélico a las puertas de Córdoba, y el 21 de julio salía el propio al-Nasir al frente de sus tropas, llevando otra vez consigo a su heredero al-Hakam. Parece ser que los

---

[134] *Muqtabis*, V, p. 214 de la traducción.

[135] *Ibid.*, p. 217.

[136] J. Rodríguez: *Ramiro II, rey de León,* Madrid, 1972, pp. 106-107 y 111.

[137] *Muqtabis*, V, pp. 216 y 238. En la primera, que fecha en 931, anota la noticia llegada a Córdoba de un proyecto de ataque a la frontera superior, basada en que el ejército musulmán estaría ocupado cercando a Toledo; dice que reforzó aquella frontera el emir y que desistieron los cristianos de atacar y los musulmanes de hacerlo a su vez, agregándose los refuerzos a los sitiadores de Toledo. En la segunda habla de que los leoneses "enviaron un gran refuerzo de sus mejores guerreros" ya en 932, pero los cadíes del cerco "les salieron al encuentro y los derrotaron y dispersaron, de modo que volvieron las espaldas en fuga y desampararon a quienes les habían pedido ayuda", o sea, a los toledanos. No mencionan a prisioneros ni botín, por lo que debió de ser una simple escaramuza, sin bajas por ninguno de los bandos.

toledanos habían pedido otra vez ayuda a los cristianos, antes de llegar el califa, pues tropas del norte atacaron a los sitiadores; pero sin éxito. A los siempre rebeldes no les quedaba más solución que entregarse.

El 1 de agosto –tras las nueve jornadas habituales de viaje- llegaba el califa a Zalencas. Acababa de entrar en su campamento cuando se presentó el "emir" de los toledanos, Ta'laba b. Muhammad b. 'Abd al-Warit, al que recibió inmediatamente 'Abd al-Rahman. Tras "reconocer su ignorancia y excusarse por la falta" Ta'laba, el califa "le perdonó, amnistió y trató favorablemente", dice el cronista al que seguimos. Parece que el emir de los creyentes tenía tantos deseos de que la rebeldía acabase de una vez que no adoptó medidas extremas de castigo, ni represalias de ninguna clase. Detrás de su jefe salieron los toledanos, inclinándose ante el califa y recibiendo de éste un *amán* general. Inmediatamente se dirigieron al campamento de los sitiadores, para proveerse de las vituallas que el largo asedio les había privado[138].

La capitulación formal, acordada por escrito, fue generosa y en los mismos términos que pidieron los sitiados:

* Exención de tributos, colectas, alcabalas e impuestos de alojamientos, salvo el azaque tradicional (autorizado por el Corán).

* Conservaría su puesto el encargado de las plegarias. Suponemos que éste sería el que con más constancia animaría a la resistencia desde su alminar y hubo que citarle como amnistiado expresamente, por ser muy destacada su actitud durante el asedio.

* Elección de cargos públicos por los propios toledanos. Como los oficios municipales, en las ciudades islámicas, solían ser de libre designación del emir (jefe de policía, juez del mercado (zabazoque), cadí o juez, amines diversos, etc.), tal concesión se apartaba totalmente de esta práctica tradicional. Sin embargo fue una concesión inteligente, ya que conciliaba los largos años de autogobierno con la obediencia futura mediante este sistema intermedio, en el que la alta dirección de la ciu-

---

[138] Ibn Hayyan: *op. cit.*, p. 239: "... jubilosos por la seguridad en que estaban después del temor, la holgura después de la estrechez...". En la p. 241 recoge una noticia del gran historiador al-Razi, no conservada en otras fuentes y que éste oyó a un toledano anciano, testigo de aquellos días: dice que el general de los sitiadores proclamó primero que podían salir los pobres, huérfanos y viudas hambrientos para proveerse de víveres, asegurando que no se les haría ningún mal. Así lo hicieron los más necesitados; pero pronto fueron seguidos por caballeros y peones de la milicia, llamándose unos a otros. Visto que no eran maltratados, acudieron incluso "los más reacios de los combatientes" y acabaron pidiendo la paz, que les fue concedida. No menciona este relato, por cierto, al propio jefe de los rebeldes, que tomaría Ibn Hayyan de otra fuente.

Puerta de Balmardón

dad –y sobre todo, las decisiones militares en un punto clave de la frontera- se reservaban al califa, y los toledanos conservaban las competencias administrativas de su organización propia. Esto se garantizaba además al comprometerse el califa expresamente a no hacer presión alguna en estos nombramientos[139].

El jueves 2 de agosto de 932 entraba el propio 'Abd al-Rahman al-Nasir en la ciudad rendida. "Recorrió sus parajes y atravesó sus pasadizos, maravillándose de su inexpugnabilidad, sorprendente y alta estructura de colinas alineadas en su interior, recios muros que la rodeaban totalmente, sin contar con el río que rodeaba su alcazaba, la dificultad de los caminos y elevación del suelo, los ricos y productivos campos de alternados productos, su monopolio del cultivo del azafrán y una gran población, aún menguada por la calamidad de un largo sitio"[140].

Pero no se limitó a admirarla, asombrarse y dar enseguida gracias al Cielo por estimar que, sin la ayuda divina, nunca hubiera podido conquistar una ciudad tan fuerte, sino que ordenó también reparar los daños producidos en el asedio y, en primer lugar, "reconstruir el puente sobre el río que da a sus mismas puertas de entrada, cuya pérdida había sido grave..." de lo que resulta que había sido cortado, no sabemos si por los defensores o por los atacantes. Dispuso también allí, junto al puente, el alcázar destinado a vivienda de caídes y gobernadores, que estaba al lado de la puerta del viaducto, reparado con toda urgencia. Y además, ordenó una excelente obra defensiva que enlazaba el palacio y el puente asegurándose contra futuras rebeldías: *al-hizam* o "ceñidor", alficén en romance, consistente en una muralla continua que partía de aquéllos, aislaba un barrio completo de la ciudad, hacia el Oriente y limitado por el río, formaba un amplio recinto fortificado donde se alojaría el gobernador y la guarnición. No podrían en el futuro los toledanos, más o menos sinceramente sumisos, utilizar el puente ni su puerta sin pasar antes por esta alcazaba o fortaleza, controlada por el visir o caíd puesto por el califa; y en caso de una rebeldía, podría recibir la guarnición auxilio del exte-

---

[139] *Op.cit.*, p. 242, relato de al-Razi tomado de un testigo presencial de la conquista. Análogas noticias a las de Ibn Hayyan (tomadas lógicamente de la misma fuente árabe en *Bayan*, II, pp. 217-224; Ibn al-Atir: *Crónica*, VIII, p. 131, que recogen Dozy: *Historia...*, *op. cit.*, II, pp. 348-350, y Simonet, *Historia de los mozárabes*, *op. cit.*, pp. 601-602.

[140] Partiendo de la superficie total de la *madina*, 100'59 Ha. (en realidad son 103 incluyendo todo el arrabal amurallado, ocupando el Alficén 5'94) y suponiendo que en aquélla caben 348 casas y 6 habitantes por vivienda, calculó Torres Balbás una población para la Toledo islámica de 37.000 habitantes con 6.000 viviendas, cifra muy probablemente exagerada (cita de J. Oliver Asín en *Historia del nombre "Madrid"*, p. 330). En 1930 había en Toledo 25.000 habitantes y el número de plantas era, sin duda, mayor que en el siglo XI.

rior a través del puente, sin que pudieran impedirlo los sublevados. Y también podrían aquéllos evacuar la fortaleza con facilidad si llegaba un asalto desde la medina, por el mismo paso directo sobre el río en dirección a Córdoba. Probablemente esta obra terminaba de una vez con las tradicionales rebeldías toledanas, que no se repetirán hasta la caída del califato.

Encomendó el califa la construcción de esta ciudadela a su caíd Durri ibn 'Abd al-Rahman[141] y, tras vigilar aquél durante ocho días las demoliciones precisas y los cimientos de la nueva construcción, guarneció el alcázar con hombres, pertrechos, armas y provisiones y regresó a Córdoba, donde entró el 12 de agosto de 932[142].

Una capitulación tan completa y segura de la ciudad, cuya rebeldía secular parecía imposible de domeñar y era, por tanto, conocidísima en todo el al-Andalus, había de ser y desde luego lo fue, cantada por los poetas de la corte califal, con las consabidas adulaciones al vencedor. Así, Ibn 'Abd Rabbihi de Córdoba, después de presentar al soberano como un héroe generoso (lo que evidentemente fue con los toledanos, según vemos por los términos de la rendición) describe a la ciudad sometida como "villa maldita, la más maldita de Dios, villa de chismes e hipocresías, llena de criminales y rebeldes". Por su pare, Ibn 'Idari en su *Bayan* se hace eco de aquel autor e insiste en que "la hipocresía muere para siempre y los infieles reconocen de nuevo como su señor" al califa omeya[143].

Año 933

El año siguiente a la capitulación, al renovar y trasladar de puesto 'Abd al-Rahman III a sus visires y gobernadores, aparece ya, el último de la lista, uno designado para "Toledo y sus distritos", llamado Muhammad b. 'Abd Allah b. Hudayr[144]. Nada sabemos de su actuación durante su gobierno de la ciudad, en el que cesó al año siguiente, como veremos.

---

[141] Esclavo cortesano de 'Abd al-Rahman III, de quien tomó el apellido, le cita con frecuencia Ibn Hayyan desde el año 914. En 925 era jefe de la policía y dirigía con frecuencia expediciones guerreras.

[142] Ibn Hayyan: *Muqtabis*, pp. 239-240. La muralla hacia el río y su acceso directo desde el puente se conservaron en parte, siendo ocupadas más tarde por el Carmen calzado. La que limitaba con Zocodover se cubrió de casas por ambas fachadas, con soportales hacia la plaza. Destruida la manzana íntegramente en 1936, al desescombrar apareció la parte baja del muro, estudiada por P. Román: "La muralla de Zocodover" en *B.R.A.B.A.C.H.T.*, 59, 1944, quien la creyó obra romana. El libro de Ibn Hayyan aporta, como vemos, datos básicos y desconocidos hasta ahora de esta fortificación interior.

En todo caso, una alcazaba que limitaba con el río había ya en Toledo (p. 239 de *Muqtabis*, V) pero la nueva construcción que aisló de la ciudad todo el barrio que ocupó su colina más alta, conectándola al puente, fue la obra defensiva más original.

[143] Citado por E. Terés en *Le développment...*, *op. cit.*, p. 75.

[144] *Muqtabis*, p. 250.

Aquel año no fue muy afortunado para el califa, pues, según la crónica de Sampiro, fueron derrotadas sus tropas por Ramiro II de León cuando se encaminaba hacia Osma, gracias al aviso de su llegada que envió el conde Fernán González. Cayeron prisioneros "varios millares" de musulmanes, cifra que sin duda será exagerada[145].

Año 934

Poco se sabe de este año, salvo que Toledo seguía pacífica y sometida al califa. Cesó el gobernador anterior y le sustituyó 'Abd al-Malik b. 'Abd Allah, quien continuaba en el cargo el año siguiente. Ni entonces ni en el cambio anterior de caídes y gobernadores se cita ya la plaza de Calatrava. Es posible que al poseer ya el paso del Tajo y la fortaleza más segura contra la frontera de la Marca Media, Toledo, el castillo que aseguraba el cruce del Guadiana quedara con menos valor militar y se rigiera por un jefe de menor categoría[146].

Año 937

Muy ocupado estuvo el califa desde el año 935 con sus constante asedio a Zaragoza, tan aficionada a la rebeldía como antes lo había sido Toledo y plaza también difícil de ganar, pero clave para la defensa de la Marca Superior de la que era cabecera obligada. La gobernaba Muhammad b. Hasim al-Tuyibi, cuya familia eran virreyes de la comarca. La dificultad para conquistarla motivó que el califa concertara una tregua con Ramiro II en el mismo año, sin duda para no tener que distraer fuerzas en peleas con éste y, de paso, que el leonés no se aliase con el Tuyibi rebelde[147]. Pero en agosto de 936[148], Ramiro cambió de opinión y, al recibir una petición de ayuda de Muhammad b. Hasim, atacó a las fortalezas construidas para cercar a los aragoneses insumisos, aunque sin resultado. Lo mismo intentó el conde Suñer, de Barcelona, con peores consecuencias para él, el día 23 de abril de 936[149], pues se asegura que fueron enviadas a Córdoba nada menos que 1.300 cabezas de sus soldados muertos. Otros caudillos cercanos hostigaban también a las tropas califales, entre ellos los castellanos; pero fueron atacados por unidades procedentes de Albarracín y de Santáver, muriendo en combate el hermano de

---

[145] Edición de fray Justo Pérez de Urbel, Madrid, 1952, p. 323.
[146] *Muqtabis*, V, p. 267.
[147] *Ibid.*, pp. 273-274.
[148] *Ibid.*, p. 283. Antes (p. 274) afirma que fue en noviembre.
[149] *Ibid.*, p. 285.
[150] *Ibid.*, p. 308.

Fernán González, llamado Ramiro[150] .

Había que tomar medidas más enérgicas pero menos ostensibles. El 27 de mayo de 937 partía de Córdoba el ejército, proclamando que se dirigía a Galicia[151,] pero cuyo verdadero destino era dominar definitivamente a los rebeldes aragoneses. Pues se habían unido a la rebeldía de éstos los habitantes de Santarem y de Huesca, así como Yahyà b. Abi l-Fath b. Di l-Nun; pero unos fueron vencidos y otros pidieron la amnistía. Se supo además que se estaba preparando una ofensiva cristiana, por lo que el califa se aposentó en Toledo con su ejército para apoyar a los habitantes de la Marca Media de forma evidente y para que éstos pudieran recoger sus cosechas. También se produjeron rebeldías en Talavera y la zona al Oeste, ocupada por los beréberes de Nafza y, para someterlos, se envió al caíd Durri b. 'Abd al-Rahman, quien lo logró pronto.

Para asegurar la tranquilidad de la zona quedó Durri como gobernador de la Marca y el califa salió con sus tropas dirigiéndose a Guadalajara[152] , mientras el gobernador reparaba y abastecía las fortalezas, desde Atienza hasta Talavera[153] . A fines del año 938 se sometieron los zaragozanos por fin.

Año 937-938

Seguían tranquilos los toledanos, teniendo sin duda muy presente la proximidad del fuerte ejército del califa. Al comenzar el año era su gobernador Muhammad b. 'Abd al-Rahman, que fue relevado y sustituido por Ahmad b. Muhammad b. Mubassir y por 'Abd Allah b. Muhammad conjuntamente[154]. Ignoramos qué decisión prevalecería en caso de discrepancia entre ellos. El primero había sido antes gobernador de Tortosa y, rigiendo ya a los toledanos, obtuvo una victoria con tropas de la guarnición ayudadas por los de Toledo contra una expedición cristiana salida de Zamora, consiguiendo prisioneros, ganados y botín[155]. Tal vez como premio fue nombrado en 941 caíd de Tudmir (Orihuela y Murcia), región sin duda más tranquila que la Marca Media.

Quizá por no dar resultado la duplicidad de gobernadores, en 938

---

[151] *Ibid.*

[152] *Ibid., pp. 293-295.*

[153] Si creemos a Ibn Hayyan (*Muqtabis*, p. 295), habitualmente bien informado, habría que adelantar un año la construcción del alcázar de Talavera, que se databa en 937; Torres Balbás: *Historia de España*, V, *op. cit.*, p. 642.

[154] *Muqtabis*, V, p. 312. En un encuentro que no detalla Ibn Hayyan murió el caíd de Madrid, un mes después de ser nombrado.

[155] *Ibid.*, p. 301.

cesaban los dos de Toledo y los sustituía uno sólo, Bara b. Muqatil, que el año en que se tomó Toledo gobernaba Trujillo, en 935 Mérida, el año siguiente Badajoz y allí volvió, después de Toledo, en 940[156]. Como vemos, era un verdadero profesional en las tareas de gobierno de las provincias.

Año 939

Bien poco venturoso fue este año para el, hasta entonces, casi siempre victorioso al-Nasir. El 29 de junio partía de Córdoba hacia el norte una nutrida hueste, seguida por el propio califa. Al llegar el ejército a Toledo se alojó en la ciudad durante algunos días, desde el 12 al 17 de julio, saliendo para el castillo de Olmos, junto al Guadarrama; y el viernes 19 siguieron hacia Calatalifa. Por cierto que estando en esta plaza se produjo un eclipse casi total de sol, lo que no dejaría de sugerir malos presagios como era habitual en la época.

Y los presagios se cumplieron, no por el eclipse naturalmente sino por la mejor actuación táctica de Ramiro II y su caballería pesada. En las afueras de Simancas, entre la ciudad y el río Pisuerga, al-Nasir era ampliamente derrotado el 8 de agosto, según Ibn Hayyan, y tuvo que retirarse en desbandada hacia Alhandega, donde la derrota se convirtió en desastre. 'Abd al-Rahman se salvó por indicación urgente de sus oficiales; pero cayó prisionero el que antes fue aliado de Ramiro, Muhammad b. Hasim al-Tuyivi, reconciliado ahora y por ello unido al califa, que no pudo ser rescatado (a alto precio) hasta más de dos años después. Uno de los muertos fue, por cierto, el abuelo de Ibn Hayyan, como éste reseña en su obra.

El 29 de agosto salía de Guadalajara, su primer refugio, hacia Toledo el derrotado 'Abd al-Rahman III, deteniéndose en la ciudad del Tajo cuatro días al amparo de sus fuertes murallas y marchando, probablemente el 5 de septiembre, hacia Malagón y desde allí a Córdoba. En su capital hizo ejecutar inmediatamente a diez de sus oficiales, a los que consideró culpables de la derrota; y para empezar, mandó crucificar y arrancar antes la lengua a Fortun b. Muhammad b. Tawil, que había desertado en pleno combate[157].

Como dice el mismo cronista, el califa quedó abrumado por la fuerte derrota, en la que perdió su Corán preferido y su cota de mallas de oro,

---

[156] *Muqtabis*, V, parágr. 213, 256, 265, 291 y 314.
[157] *Ibid.*, p. 334.

abandonados en el real de su ejército en la huida. Nunca más salió de Córdoba al frente de otras expediciones, dedicándose a comer y a construir Madina al-Zahra[158].

Pero el deber de la "guerra santa" continuaba vigente. Así, a mediados de octubre pasaba por Toledo y se detenía brevemente el visir y caíd Ahmad b. Muhamad b. Ilyas con una nutrida hueste, dedicado a guarnecer las atalayas y enviando destacamentos contra tierras leonesas y castellanas. El 1 de noviembre atacaba la zona de Coca, logrando cautivos y botín[159].

Año 940

El nuevo caíd de Toledo, Ahmad b. 'Abd al-Hamid b. Basil, envió dos escuadrones hacia tierras cristianas, causando bajas y remitiendo cautivos y cabezas cortadas de sus víctimas, al alcázar de Córdoba. Es de suponer que también hubiera bajas por la parta islamita, pero éstas no se indican[160]. Por su parte, el Banu Di l-Nun que seguía en buenas relaciones con el califa, Mutárrif, hacía saber a aquél que había enviado otra aceifa hacia Talamanca, capturando caballos al enemigo en un encuentro, que no debió de ser muy importante[161].

Se estaban, sin embargo, enviando mensajeros entre León y Córdoba para concertar una tregua. De momento, y aprovechando el buen tiempo, salía una hueste nutrida el 22 de mayo para lanzar un ataque en tierras de León, mandada por Ahmad b. Muhammad b. Ilyas, que pasó por Toledo, donde se aposentaron, mientras enviaba destacamentos por los alrededores para evitar ataques que perturbasen la recogida de la cosecha. También fortificó Calatalifa, avanzada en la ruta que, por el valle del Guadarrama, se dirigía al puerto de los Leones, ruta guarnecida ya con los castillos de Canales, en término actual de Recas, y Olmos, en el de El Viso de San Juan[162]. El avance hacia la frontera cristiana que suponía la fortificación de Calatalifa indica que sus defensas eran antes muy débiles, quizá inexistentes, sin que pudieran garantizar un control firme por el

---

[158] Sobre la batalla de Simancas-Alhandega hay una amplia bibliografía que, por conocida, no es necesario citar. *Vid. Muqtabis*, V, edición citada., pp. 323-333 y nota 4. En cuanto al eclipse, seguido por la aparición de un cometa, J. Rodríguez: *Ramiro II, op. cit.*, pp. 343-344 y notas. Lo fecha el viernes 19 y el *Muqtabis* el jueves 19 (p. 324) pero el 20 fue efectivamente sábado. Falta, no obstante, un estudio astronómico del hecho.

[159] *Muqtabis*, V, p. 339.

[160] *Ibid.*, p. 340.

[161] *Ibid.*

[162] *Vid.* E. Benito Ruano: "Canales y Perales", en *Anuario de Estudios Medievales*, 2, Barcelona, 1965, pp. 378-380; L. Torres Balbás: *Ciudades yermas de la España musulmana*, pp.52-58.

ejército musulmán. Terminada la obra Ibn Ilyas propuso al califa que se nombrara un alcaide para la nueva fortaleza, a lo que accedió aquél designando a Qasim, hijo de Mutarrif b. Di I.Nun, el día 19 de julio[163].

Pero entretanto se había acordado la tregua, a falta aún de concertar detalles del tratado. El 10 de junio salía para León un mensajero de 'Abd al-Rahman III, junto con el enviado de Ramiro II, un mozárabe llamado Musà b. Rakayis, regresando en agosto con el conde Fortún, probablemente éste como plenipotenciario. El 6 de octubre se firmaba por fin el documento[164].

Los toledanos, mientras tanto, cambiaban de gobernador. Lo era de Toledo y Calatrava a la vez Qasim b. Rahiq y le sustituyó el de Santáver –pero reteniendo este último cargo- Hisam b. Yahwar[165]. Tal simultaneidad debe de ser un síntoma de que no se esperaban problemas en ninguna de las dos comarcas, contiguas pero distantes.

Años 941 y 942

Otra vez se nombraron dos personajes a la vez para gobernadores "proindiviso" de Toledo, agregándoles además el distrito de Calatrava. Eran dos hermanos, 'Isà y Sulayman, hijos de Muhammad b. 'Isà, que antes habían ocupado puestos similares en las coras de Priego y de Valencia y Játiva, respectivamente. Al año siguiente, 942, cesaban en Toledo y Calatrava, sustituyéndoles Ilyas b. Sulayman[166], también buen conocedor del oficio, pues lo había ejercido antes en Barbastro y en Badajoz.

Esta es la última noticia que tenemos de gobernadores toledanos con la indicación del año en que fueron nombrados. Sólo se sabe el nombre, pero no el período de su mandato, de otro que lo fue después: 'Ubayd Allah b. Ahmad b. Yahyà al-Layti, que era alfaquí de Córdoba en 937 y que, después de septiembre de 942, en que termina el volumen V del *Muqtabis*, era jefe militar del distrito toledano y, a la vez, escritor y poeta, fiel –cómo no- a la dinastía omeya[167]. Y de otro, Sa'ada, que aparece en una noticia del año 937, que luego se comenta.

---

[163] *Muqtabis*, V, p. 343. Calatalifa existía ya (*vid. supra*, año 939).
[164] *Ibid.*, pp. 344-345.
[165] *Ibid.*, p. 348. Tal noticia se contradice con la que anota poco después, de que en 941 el califa destituía a Qasim b. Rahiq de la cora de Toledo y nombraba para ésta y la de Calatrava a los hermanos Ibn 'Isà conjuntamente.
[166] *Muqtabis*, pp. 354-368.
[167] E. Terés en *Le développment...*, *op. cit.*, p. 77.

Años 946 y 947

Se debilitó en estos años el empuje bélico de los leoneses, por haberse enemistado Ramiro II con el conde castellano Fernán González, más atento siempre a las conveniencias propias que a las de todo el reino. Dejaron de guerrear unidos y por ello quedaron a la defensiva; por lo que el general cordobés Ahmad b. Muhammad b. Ilyas, visir y caíd, envió una incursión contra "Galicia", nombre árabe usado genéricamente para designar a las tierras cristianas[168]. Fernán González repobló inesperadamente Sepúlveda, en la misma frontera; lo que motivó que, para contrarrestar tal amenaza, el liberto de al-Nasir, llamado Galib reconstruyera Medinaceli, que estaba casi despoblada, el año 946, trasladando allí la cabecera militar de la Marca, antes en Toledo. Y en 947/948 el general Qand, cliente esclavo de 'Abd al-Rahman, partía de Toledo con una incursión contra tierras de Salamanca, aunque, sin duda por un error toponímico, se dijo que llegó hasta Lugo[169], proeza nada probable.

Año 950

Como represalia por el ataque de Qand, Ramiro II atacaba Talavera, antes llamada Elbora como dice Sampiro, causando 12.000 bajas y logrando 7.000 cautivos y mucho botín, según el mismo cronista cristiano[170]. Es de suponer que la noticia llegaría enseguida a Toledo, causando la alarma general; pero no fue atacada la capital, satisfecho sin duda el rey leonés con el éxito obtenido en Talavera.

Año 952

En este año falleció un destacado escritor místico, nacido en Toledo y llamado Ibn 'Aysun, quien comparaba la visión de Dios en el Paraíso con la del Sol y la Luna cuando estos astros se muestran en un cielo despejado. Tal imagen fue luego recogida por Dante en su *Divina Comedia*, en términos muy similares, al decir que los bienaventurados gozan de la visión beatífica de Dios entendida como Luz, o sea la *lux perpetua* de nuestros responsos[171].

---

[168] Sobre el sentido de este nombre *vid.* J. Rodríguez: *Ramiro II, op. cit.,* p. 496, nota 8.

[169] Levi-Provençal: *Historia de España,* IV, *op. cit.,* pp. 295-296; Ibn 'Idari: *Bayan,* II, *op. cit.,* pp. 354-355; traducción de Fagnan. J. Rodríguez: *op. cit.,* p. 496; Lomax: *La Reconquista, op. cit.,* p. 61.

[170] J. Rodríguez: *op. cit.,* pp. 501 y ss., destaca el mal año agrícola anterior en Castilla la Vieja como uno de los motivos de este ataque, encaminado a proveerse de víveres. Al regreso de Talavera enfermó Ramiro II, falleciendo en Oviedo en 951.

[171] J. Vernet: *La cultura hispano-árabe en Oriente y Occidente,* Barcelona, 1978, p. 328.

Años 958-961

Faltos ya del tomo VI de Ibn Hayyan, que evidentemente existió pero no ha sido hallado hasta ahora, referente al período 971-975, echamos de menos la descripción minuciosa que éste hacía, año tras año, de lo que sucedía en al-Andalus según las fuentes utilizadas por él –perdidas también en su mayor parte- para redactar su extensa obra. Por ello, las noticias se convierten en ráfagas aisladas, frecuentemente inconexas, pero que no obstante recogemos, a pesar de su falta de enlace.

Así vemos que, destronado el rey leonés Sancho "el Craso" por iniciativa del inquieto conde Fernán González, fue proclamado rey el yerno de éste, Ordoño "el Malo". Como la obesidad de aquél parecía ser su principal enemigo, Sancho solicitó de al-Nasir el envío de un médico experto en sus problemas. Aceptó éste y le remitió el suyo, un hebreo llamado Hasday b. Saprut, que le hizo adelgazar. Después le facilitó soldados con los que recuperó el trono. Entretanto su rival Ordoño IV recurría al mismo valedor y acudió humildemente a Córdoba para pedir ayuda al califa.

Interior del Cristo de la Luz

Lo era ya, desde 1961, el hijo de 'Abd al-Rahman III, al-Hakam II (961-976). Debió de pensar éste que era más conveniente a sus intereses mantener la rencilla entre ambos reyes y actuar él como árbitro de la situación, por lo que se limitó a darle como consejeros a Walid, que ostentaba el cargo de juez de los cristianos de Córdoba, a Asbag Allah b. Nabil, obispo de esta misma ciudad, y a 'Ubayd Allah ibn Qasim, metropolitano de Toledo. Hallamos así la primera cita de este prelado mozárabe, cuyo nombre cristiano se desconoce aunque la equivalencia o traducción de su apelativo árabe sería "Pequeño Siervo de Dios"[172]. No sabemos si estaba accidentalmente en Córdoba o si fue llamado para tal oficio de consejero, que para ser atendido precisaba dejar su sede vacante o poco menos. Lo mismo tuvo que hacer el obispo de Córdoba, no sabemos por cuanto tiempo.

---

[172] Al-Maqqari: *Naft al-tib*, según Dozy: *Historia* ..., II, *op. cit.*, p. 177. Repite la noticia Ibn Jaldun pero le llama 'Abd Allah ibn Qasim, *Cuadernos de Historia de España*, núms. 47-48, 1968, p. 356.

Año 963

Hacía dos años que reinaba al-Hakam II cuando organizó una expedición contra Castilla, a la que se unió un piadoso alfaquí, ya octogenario, que deseaba participar en la guerra santa. No obstante no logró sus deseos, ya que falleció al llegar a Toledo el ejército[173].

Año 973

Los toledanos debían de estar ya decididos, o resignados, a ser obedientes al califa, incluso participando en sus expediciones bélicas fuera de al-Andalus, pues probablemente en julio de este año, "llegaron a Córdoba los hombres fuertes y robustos, enviados por Sa'ada, caíd de Toledo y escogidos por él en su frontera entre los más valerosos y viriles. Eran en número de 1.700. Entraron formados, con traje de gala y perfecta apostura, vistiendo capas blancas, ciñendo espadas cristianas[174] y llevando en las manos escudos coloreados y lanzas de hierro muy iguales. Avanzaron hacia al-Zahra, mandados por los oficiales que se habían hecho cargo de ellos. Los visires (...) los pasaron revista. Terminados de revistar y pagar, salieron (...) para incorporarse al ejército de Berbería"[175]. Evidentemente luchaban por la paga y, al haber sido seleccionados por el caíd "en su frontera", no todos serían toledanos. Qué fue de ellos en Berbería, lo ignoramos.

El 17 de noviembre de este año se produjo un curioso incidente diplomático. Recibió al-Hakam II, en su palacio de Medina Azahara, a unos embajadores de Elvira, tía del rey leonés Ramiro III (966-984). Tales enviados se expresaron en términos pocos correctos, incluso insolentes, que fueron traducidos literalmente por el intérprete –caíd de los cristianos de Córdoba– Asbag ibn 'Abd Allah ibn Nabil. Ofendido el califa por tales expresiones, rechazó al intérprete y a los embajadores, a los que llevaron a un cuartel donde fueron recriminados y advertidos de que, si no hubiera sido por su condición de enviados, se les hubiera impuesto un castigo. El intérprete perdió el oficio de tal y su cadiazgo.

Poco después eran devueltos a Galicia con un jurisconsulto cordobés y un nuevo intérprete: justamente 'Ubayd Allah ibn Qasim, metro-

---

[173] Ibn Al-Faradi: *Kitab Tarij*, n. 233, citado por Levi-Provençal en *Historia de España*, V, *op. cit.*, p. 302.

[174] Debe de referirse a espadas forjadas en Toledo de hechura cristiana, muy estimadas cuando se las cita expresamente, como armas famosas ya entonces.

[175] Ahmad al-Razi: *Anales palatinos del califa al-Hakam II según Ibn Hayyan*, trad. E. García Gómez, Madrid, 1967, p. 150, # 24.

politano, que en 971 se menciona al que lo era de Sevilla, pero que en 973 no se dice cuál era su sede[176] . Debe de ser el mismo que, según Dozy y Simonet, lo era de Toledo hacia 960, año en que ya debió viajar a León por entonces; pero fuéralo de Hispalis o de Toletvm, lo extraño es que estuviera en Córdoba y a disposición del califa con tanta frecuencia.

Año 981

Reinaba ya, aunque sólo de derecho, el incapaz Hisam II, pero gobernaba efectivamente su primer ministro, Muhammad ibn Abi 'Amir (Almanzor). Con la colaboración de su eficiente general "Piedra Seca" atacó aquél, con la caballería de Toledo y otras tropas, Zamora, repoblada y reedificadas sus murallas por toledanos en el año 983. No consiguió entrar en la ciudadela, de sólida fortificación, defendida por Ramiro III, pero saqueó la ciudad y sus alrededores, iglesias y monasterios, llevando a Córdoba 4.000 cautivos.

Era ya necesaria y urgente la unión entre los diferentes reyes y condes cristianos. Se aliaron, por tanto, Ramiro III, García Fernández, (conde de Castilla) y Sancho Abarca (rey de Pamplona). Otra vez fue Toledo la ruta escogida por ibn Abi 'Amir, quien pasó por la ciudad con su ejército, derrotando a los aliados en Rueda; desde allí fue a Simancas, destruyendo la ciudad y regresando victorioso. Ya en Córdoba, tomó el título de al-Mansur (El Victorioso). Un asedio posterior a León no logró su objetivo[177] .

Año 989

Nombrado visir de Toledo 'Abd Allah b. 'Abd al'Aziz al-Marwani[178] , apodado "Piedra Seca", se tramó una conjura importante contra Almanzor. Un hijo de éste, llamado 'Abd Allah, de 23 años, residía en Zaragoza con el walí de esta Marca, 'Abd al-Rahman b. Mutarrif; y entre estos dos y el gobernador de Toledo, urdieron una sublevación contra el todopoderoso visir de Hisam II.

Pero Almanzor tuvo pronto noticias de la rebelión que se proyecta-

---

[176] *Ibid.*, pp. 80 y 185-186.
[177] E. Dozy: *Recherches...*, cit. por Levi-Provençal: *Historia de España*, IV, *op. cit.*, pp. 417-418.
[178] Además de sus conocimientos militares, era descendiente lejano del emir al-Hakam I, circunstancia que se tendría en cuenta al encargarle el mando de la Marca Media.

Puerta del Sol

ba. Hizo regresar a su hijo, alejó de Toledo a al-Marwani "Piedra Seca", que fue destituido y ordenada su reclusión en su casa y emprendió a continuación una campaña contra Castilla, cuyo itinerario pasaba como otras veces por la Marca Superior. Como era obligado, se le unió Mutarrif con sus tropas de Zaragoza. Interrogados los soldados de éste, denunciaron a su jefe, que fue detenido y llevado a Córdoba.

El 20 del mismo mes era ajusticiado ante Almanzor, en su palacio de al-Zahira. Alarmado y suponiendo fundadamente que su padre conocía ya toda la trama, 'Abd Allah huyó con seis de sus pajes, refugiándose junto al conde de Castilla, García Fernández.

Pero fue inútil, Almanzor atacó a García Fernández y le obligó a entregarle a su hijo. El 8 de septiembre, el policía Ibn Jafit decapitaba a 'Abd Allah y enviaba su cabeza al califa.

En cuanto a "Piedra Seca", su final fue menos malo que el de sus compañeros de conjura. Huyó de su casa y buscó asilo en la corte de Bermudo II de León; pero también a éste le presionó Almanzor y, ante la inevitable represalia, envió a Córdoba al ex-gobernador de Toledo. Curiosamente no fue ejecutado como los otros dos, o tuvo más habilidad para defenderse o bien sus antiguas hazañas bélicas inclinaron al primer ministro a cierta benevolencia. Fue encarcelado hasta su muerte, lo que dadas las condiciones carcelarias de la época, tampoco debió de ser una estancia grata[179].

Año 997

Era walí de Toledo en este año Jalaf b. Muhammad al-'Amiri quien, por orden de Almanzor, restauró el puente de Alcántara, averiado por alguna riada del Tajo o, al menos, afectado gravemente. Así lo recuerda la inscripción, fechada en 1259 y que ostenta el propio viaducto en su entrada, cuya fuente de información ignoramos; tal vez fue copiada de otra anterior[180].

---

[179] Relatan este episodio numerosos historiadores, partiendo de Ibn 'Idari en su *Bayan al-Mugrib* (traducción de Fagnan, II, *op. cit.,* 470). Conf. Levi-Provençal: *Historia de España,* IV, *op. cit.,* pp. 415-420 y 423, cit. Dozy: *Recherches*; C. Sánchez Albornoz; *La España musulmana,* I, *op. cit.,* pp. 465-468.

[180] M. Gómez Moreno: *El arte árabe español hasta los almohades,* pp. 197-199.

Años 999-1000

Construida en el primero de estos años y terminada entre el 13 de diciembre el primero y el 11 de enero el segundo (en plena época navideña, por tanto), se incorpora al conjunto artístico de la ciudad la bella y minúscula mezquita de Valmardón, Bab al Mardum o del Cristo de la Luz, nombre éste naturalmente inadecuado pero por el cual es más conocida. Así consta en la inscripción de su fachada principal, la que añade que se edificó a costa de Ahmad ibn Hadidi y fue realizada por el arquitecto Musa ibn 'Ali y su probable ayudante, Sa'ada.

Es probable que este Ahmad ibn Hadidi fuera abuelo del célebre cadí toledano, visir y fiel consejero de Almamún, Abu Bakr Yahyà b. Said Ahmad al-Hadidi, cuyo asesinato en su presencia, consentido por al-Qadir, fue la primera medida desacertada en su desastroso gobierno[181].

Año 1000

Aproximadamente en este año, un toledano piadoso –y adinerado además- llamado Abu Nasr Fath ibn Ibrahim, que fallecería en 1013, reconstruía los castillos de Huecas y de Maqueda, fundando además dos mezquitas en barrios de Toledo los cuales, suponemos, carecerían de templo entonces. Una estaba en el al-Yabal al-Barid o "Monte Frío" y la segunda en al-Dabbagin o barrio de los Curtidores[182]. Ignoramos la situación de la primera, pero la de los Curtidores debe de ser la actual iglesia de San Sebastián, cuya planta tiene orientación de mezquita, según se advirtió de antiguo[183] y en cuya fábrica se reutilizaron numerosos elementos visigodos. Hoy está al servicio de la comunidad mozárabe, como dependencia de la parroquia de las Santas Justa y Rufina, de igual rito.

También en este año se fecha, aunque sin plena seguridad, el nacimiento de Isma'il b. 'Abd al-Rahman b. Di l-Nun, primer rey de la taifa toledana. Debió de nacer en Santáver, cuya cora o distrito gobernaba su padre, 'Abd al-Rahman, jefe entonces de una familia de origen beréber que, posiblemente en época de Tariq b. Ziyad pasó a España bajo la jefa-

---

[181] M. Ocaña Jiménez; "Inscripción fundacional de la mezquita de Bib al-Mardum, en Toledo", en Al-Andalus, XIV, fasc. 1, 1949, pp. 175-183. Conf. Torres Balbás; "La progenie hispano-musulmana...", en Al-Andalus, III, pp. 398 y ss.

[182] Ibn Baskuwal: Sila, núm. 980, citado por Levi-Provençal en Historia de España, V, op. cit., p. 38, n. 21.

[183] R. Ramírez de Arellano: "San Sebastián, de Toledo", en Toledo, núm. 98, 30 de marzo 1918, pp. 111-119.

tura de Al-Samh, y que cambió, como dijimos, su apellido originario Zannun por el ya arabizado Di l-Nun, que cita el Corán[184] .

Año 1003

El 11 de agosto fallecía Almanzor en Medinaceli, sustituyéndole como visir del califa nominal Hisam II, el hijo de aquél llamado 'Abd al-Malik al-Muzaffar, quien gobernó el califato cordobés desde 1002 a 1008. El año 1003 pasó por Toledo con sus mesnadas, camino de Medinaceli, donde se le unieron refuerzos cristianos cedidos por el conde Sancho Garcés para efectuar una incursión por tierras de Cataluña[185] .

Año 1008

El mes de agosto nació en Toledo Ibn Wafid, en el seno de una ilustre familia de al-Andalus. Fue un famoso hombre de ciencia, buen conocedor de las obras de Dioscórides y de Galeno, así como de Aristóteles y poseedor de una sólida formación médica y filosófica. Cursó estudios en Córdoba, sede del famoso médico de al-Hakam, Abulcasis. Terminada su formación regresó a Toledo, donde alcanzó gran prestigio como médico e instaló un jardín botánico en la Huerta del Rey.

Sus obras seguras y más famosas son el *Libro de los medicamentos simples*, el *Libro de la Almohada* y la *Suma de Agricultura*, pudiendo ser suya también otra obra sobre oftalmología, hoy perdida. Falleció en Toledo el 29 de abril de 1074, cuando al-Ma'mun estaba en el cénit de su reinado[186] .

En cuanto a sus experimentos agrícolas en la Huerta del Rey, relatados por su biógrafo Ibn al-Abbar, consistieron en la aclimatación de plantas exóticas, así como, muy probablemente, sobre fecundación artificial, ya descubierta en Mesopotamia para las palmeras, y que era conocida por los agricultores de al-Andalus. Varias de sus obras fueron traducidas al latín y a lenguas romances en la época de Alfonso X, de cuyas versiones se sirvió Gabriel Alonso de Herrera para su célebre obra *De Agricultura*. Le sucedió en la dirección de la Huerta del Rey Ibn Bassal, autor de la obra *Al-Qasd wa-l-Bayyan* que en la Edad Media se tradujo al castella-

---

[184] Mayid Naanahi: *Los Banu Di l-Nun de Toledo*, tesis doctoral inédita (citamos por su resumen impreso), Universidad de Madrid, 1951. Ascendiente directo de Isma'il sería al-Mutarrif ibn Isma'il ibn 'Amir ibn Di l-Nun, al que en 974 otorgaba al-Hakam II un "diploma sobre su castillo de Huete" (título confirmatorio de su gobierno) incluyendo la mayor parte de los castillos y pueblos de la cora de Santáver; Ahmad al-Razi: *Anales palatinos...*, op. cit., p. 190, # 168.
[185] Levi-Provençal en *Historia de España*, IV, op. cit., p. 444 y *passim*.
[186] C. Álvarez de Morales: *El Libro de la Almohada de Ibn Wafid de Toledo*, Toledo, 1980.

no. Huyendo del avance cristiano pasó a Sevilla, al servicio de su rey Mu'tamid[187].

Años 1008-1009

Falleció al-Muzaffar, hijo de Almanzor y discreto seguidor de su gobierno, parece que por envenenamiento de su hermano menor 'Abd al-Rahman, conocido como "Sanchuelo"[188]. Comienza la "fitna" (1010-1027), época de anarquía y desórdenes en todo al-Andalus, en la que el califato desaparece entre confusas luchas de aspirantes al trono.

Empienzan los desórdenes al formar Sanchuelo una expedición contra el conde de Castilla Sancho García, quien, conocedor tal vez de que los tiempos cambiaban a su favor, conquistó Molina de Aragón. El 15 de enero de 1009 salió de Córdoba el hijo de Almanzor hacia Toledo, desoyendo los rumores que circulaban sobre conjuraciones y desórdenes en proyecto. Al llegar a esta ciudad le llegó la noticia de que tales rumores eran ya ciertos y que el populacho de Córdoba se había sublevado, dirigido por un bisnieto de 'Abd al-Rahman III, llamado Muhammad b. Hisam, financiado por la madre de al-Muzaffar y deseosa de vengar la muerte de su hijo. El 15 de febrero, los sublevados asaltaban el palacio califal, provocando la dimisión de Hisam II en favor de Muhammad.

Comprendiendo por fin Sanchuelo la gravedad de la situación, salió de Toledo con sus tropas hacia Córdoba. No fiándose de la lealtad de sus soldados, les tomó juramento de fidelidad en Calatrava; pero inútilmente, pues aquéllos desertaban a diario. El 3 de marzo era apresado Sanchuelo por tropas partidarias de Muhammad y ejecutado, junto con uno de los condes de Carrión, García (Banu Gómez, dice la crónica, sin precisar su nombre) que, fiel a su palabra, le siguió y compartió su suerte hasta el final[189].

Fue ésta una excelente ocasión que los toledanos aprovecharon para recobrar su autogobierno; nada difícil realmente, pues en Córdoba se sucedían los desórdenes y la autoridad no existía respecto del resto de al-Andalus. No hay noticias seguras sobre los dirigentes toledanos, si bien parece que la mayoría de los que administraron la ciudad por entonces (Ibn Ya'is, o Ibn Kawtar) eran gente cultivada, teólogos y sabios de la ley coránica, que habían huido del caos cordobés y refugiado en Toledo,

---

[187] Juan Vernet: *La cultura hispanoárabe... op. cit.*, pp. 39 y 40.
[188] Se debe el apodo a ser nieto de Sancho Garcés II Abarca, rey de Pamplona, cuya hija (que arabizó su nombre por 'Abda) se unió a Almanzor y dio a luz a Sanchuelo en 984.
[189] Levi-Provençal en *Historia de España*, IV, *op. cit.*, pp. 457-462.

como población más segura gracias a sus fortificaciones[190] .

Muhammad fue un califa tan efímero como sus sucesores. El mismo año 1009 fue derrocado y sustituido por Sulayman, bisnieto de 'Abd al-Rahman III, huyendo Muhammad y ocultándose en la misma Córdoba. Le buscaron los soldados de su rival y salió ocultamente de Córdoba, refugiándose en Toledo, donde, quizá por la abdicación de Hisam II a su favor, fue reconocido como soberano legítimo.

Entretanto que los castellanos intervenían en la guerra civil cordobesa, Sancho Garcés, aliado con los beréberes fieles a Muhammad II, derrotó al general Wadih, expulsándole de su residencia de Medinaceli y venciéndole en Alcalá. Al presentarse Muhammad en Toledo sin embargo, Wadih regresó a Medinaceli, controlando nuevamente a las tropas fronterizas de la Marca Media.

Advirtió Sulayman el peligro que se cernía por el Norte, reunió tropas en Córdoba y salió hacia Toledo a finales de enero de 1010, pero los toledanos no le admitieron en la ciudad, fracasando también en un intento de asalto a Medinaceli. Se produjo un fuerte temporal de lluvia y nieve en todo el valle del Tajo que, que hizo insoportable las operaciones para los sitiadores sin abrigo y motivó el regreso a Córdoba, donde estaban ya el 14 de abril de 1010[191].

Año 1010

El general Wadih buscó y consiguió una alianza con dos condes catalanes, Ramón Borrell III de Barcelona y Armengol de Urgel, quienes acudieron a Toledo con un fuerte ejército de 10.000 hombres. Unidos con los beréberes de Wadih sumaron, según los cronistas, 40.000 hombres, con los que se dirigieron a Córdoba. La tomaron sin grandes dificultades, derrotando a Sulayman[192].

Pero no fue repuesto como califa Muhammad II, sino que se entronizó a Ibn 'Abd al-Yabbar, quien nombró *hayib* (chambelán) a Wadih. Pronto surgieron diferencias entre ambos y el chambelán se sublevó contra el nuevo califa, dándole muerte. Un hijo del asesinado, de 16 años, huyó hasta Toledo, donde –noticia sorprendente- fue elegido jefe e incluso proyectó la conquista de Córdoba. Fue pronto vencido por Muharib al-Tuyibi, de la antigua familia aragonesa, y enviado a Wadih quien, como era de esperar, ordenó su ejecución[193].

---

[190] *Ibid.*, pp. 455 y ss.; E. Terés: *Le développment...*, *op. cit.*, p. 78.
[191] Levi-Provençal en *Historia de España*, IV, *op. cit.*, pp. 467-468; Ibn 'Idari; *Bayan al-Mugrib*, citado por Sánchez-Albornoz en *La España musulmana*, I, *op. cit.*, p. 512.
[192] *Ibid.*
[193] *Ibid.*, I, p. 518.

No es éste el momento para relatar las sucesivas revoluciones, nombramientos y deposiciones de califas efímeros que se suceden hasta el año 1027, en los que el título califal cambió de manos quince veces. Entonces el municipio cordobés, harto de tantos desórdenes, acordó sensatamente abolir el califato[194]. Las revueltas y luchas cundían por todo al-Andalus, causando ruinas y huidas masivas de la población de las zonas donde su luchaba, hasta el extremo de que, según Ibn 'Idari, sólo quedaron indemnes Toledo y Medinaceli, gracias sin duda a sus fortificaciones. "Un hombre podía viajar a caballo meses enteros sin que viera a nadie en los caminos y en los villorios"[195].

Años 1009-1010

Así como en el año 788 los historiadores musulmanes mencionaban por primera vez el puente de Alcántara, en 1009-1010 se cita ya la célebre puerta de Bisagra, como *bab-Saqra*, entrada principal a la ciudad desde la comarca sagreña y levantada sin duda como entrada desde el arrabal (*bi-rabad Tulaytula*), único barrio que, por razones topográficas ineludibles, se originó extramuros de la ciudad visigoda conquistada por Tariq y que no sabemos cuándo nació ni cuándo fue, a su vez, amurallado también, aunque evidentemente ya existía —nos referimos a la Antequeruela- en 1085[196].

La actual puerta de Bisagra, a la que pudo también referirse la cita de 1009, será reforzada con una protección avanzada en 1559, bajo la dirección del arquitecto del Emperador, Alonso de Covarrubias; y en 1576, Nicolás de Vergara la reforzará también, envolviéndola o forrándola por su exterior, la antigua puerta árabe, cuya estructura fue identificada por el arqueólogo González Simancas y todavía se distingue[197].

---

[194] La "fitna" ha sido objeto de numerosos trabajos que, por sobradamente conocidos, pues se le menciona en todas las historias de este período, no citamos. Un excelente resumen y análisis de sus causas en D. Lomax: *La Reconquista...*, *op. cit.*, pp. 69-73. Un discípulo del doctor Lomax, Peter Scales, prepara actualmente su tesis doctoral sobre este revuelto período de Al-Andalus.
[195] Ibn 'Idari: *Bayan...*, V, *op. cit.*, 1945, citado por Sánchez Albornoz en *op. cit.*, pp. 521-522. M. Marín cita a *Bayán,* III, p. 104. M. Pidal, VIII, 1, p. 217 y nota 206.
[196] Ibn Baskuwal: *Sila*, edición de Codera, p. 23. Vid. L. Torres Balbás en "La medina, los arrabales y los barrios", en *Al-Andalus*, XVIII, 1953, p. 153.
[197] *Boletín de la Sociedad Arqueológica Toledana*, núm. 9, 1900.

Años 1018-1019

En sus intentos de conseguir aliados, Sulayman había cedido castillos a Sancho Garcés, conde de Castilla, y buscaba al menos asegurar la neutralidad de su frontera hacia el norte. Eran los más destacados en esta zona los Banu Di l-Nun, caudillos hereditarios de la zona de Santáver, cuyo jefe familiar entonces, 'Abd al-Rahman, obtuvo (1009-1010) el nombramiento de gobernador del castillo de Uclés y su distrito, fronterizo con el de Toledo y punto de control de la vieja calzada hacia la Marca Superior. El año 1018, sin superior alguno en Córdoba, cedió este distrito de Uclés a su hijo Isma'il, que contaba 18 años por tales fechas[198].

Gobernaba a Toledo entonces, quizá todavía en nombre del califa efímero Muhammad, el alfaquí Yais b. Muhammad b. Yais. En una fecha no muy segura (1036, según Dozy)[199] cesó en tal cargo y los toledanos, deseosos de un caudillo que garantizase la paz ciudadana y su independencia frente al desgobierno cordobés, ofrecieron el mando de la ciudad a 'Abd al-Rahman, quien les envió a su hijo Isma'il b. 'Abd al-Rahman b. Di l-Nun "al-Zafir", el que regía Uclés por entonces, como se dijo[200]. Unidos ambos distritos, al menos de hecho en la persona del jefe de ambos, será Isma'il el primer rey de la taifa toledana, logrando así la ciudad una independencia efectiva, que perdurará hasta 1085.

Su más reciente biógrafo, Abdul Mayid Naanahi, le considera "hombre poderoso, activo y dinámico en la lucha y en las intrigas de la política y la diplomacia... En una ciudad presta siempre a rebelarse, llegó en poco tiempo a constituir un reino, a consolidar su poder y a dominar la ciudad y los territorios cercanos como un señor absoluto... Poseía una alta y fina cultura que estaba a la altura del siglo. Hablaba con gran elocuencia, pese a su raza beréber y estaba bien enterado de la lengua del Corán, de la historia de los árabes y de sus letras". Era conocedor de los antiguos poetas árabes y componía él mismo excelentes poemas, así como una antología cuyo contenido se desconoce hoy. Fue tachado de avaro, tal vez por contraste con la prodigalidad de los omeyas; evidentemente fue un administrador escrupuloso, acumulando una gran fortuna en el Erario público, sin gravar a sus súbditos con tributos excesivos, hecho que lógicamente aumentaría la fidelidad hacia él[201].

---

[198] Ibn Bassam: *Al-Dajira,* IV, p. 110, citado por. Naanahi: *Los Banu Di l-Nun..., op. cit.,* pp. 7-8. Uclés se fundó en 775-776 por al-Fath Musà b. Di l-Nun: Maqqari: *Analectes,* I, *op. cit.,* p. 140.
[199] *Historia de los musulmanes...,* IV, *op. cit.,* p. 272, titulándolo "rey" de Toledo. Naanahi, en su tesis citada, p. 8, afirma que "en fecha totalmente desconocida" le sustituyó Isma'il b. Di l-Nun.
[200] Naanahi: *op. cit.,* p. 10.
[201] Tesis citada, pp. 10-11 de su resumen.

La caída del califato trajo, como era de esperar, la nostalgia general de su época brillante y una serie de intentos por restaurar un poder único. A ello se opuso Isma'il "al-Zafir" al menos en tres ocasiones, negándose a reconocer más autoridad que la suya propia y considerándose señor absoluto en su territorio. Una frase suya expresa su criterio firme en este punto: "Tiene derecho al poder el que lo tenía efectivamente; y yo no elijo para el poder más que a mí mismo y no obedezco a nadie". Falleció, según las noticias más probables, el año 1043, dejando como sucesor a su hijo Yahyà[202].

Mantuvo Isma'il, como era costumbre de la realeza musulmana, una corte literaria de la que se conocen algunos nombres y especialidades. Su secretario, Muhammad b. Abi Hurayra, era buen letrado. Entre sus consejeros, Ibn al-Bagunis era sabio tanto en letras como en matemáticas; Ibn Labbun, Ibn al-Faray, Ibn Mahqur, alcanzaron fama como escritores y poetas; Ibn al-'Attar fue un sabio destacado en ciencias exactas. Procedentes de la gran biblioteca semidestruida y dispersa de al-Hakam II, llegaron a Toledo ejemplares salvados de las llamas y que, gracias a la tolerancia del rey, serán la base de la destacada actividad cultural de su época y del esplendor de la siguiente, la etapa más brillante de la cultura musulmana en Toledo[203].

Año 1043-44[204]

Falleció Isma'il, heredando el trono de Toledo, junto con Uclés y Santáver, su hijo Yahyà b. Isma'il b. Di l-Nun, conocido por todos los historiadores como al-Ma'mun. Debió de nacer en Uclés, donde su padre era gobernador, hacia el año 1000, y aprendió en su juventud –y en Toledo– el árabe, sin duda porque en su familia se hablaba romance o dialecto beréber, así como teología, poesía, artes militares y de gobierno, necesarias para regir con acierto la ya extensa taifa toledana, limitada al N. con el reino de Zaragoza y la frontera cristiana, regido aquél por Sulayman b. Hud, los principados autónomos de Alpuente y Albarracín; al SE., con Valencia y Denia, regidas por taifas eslavos; al sur, con Granada y Córdoba y al O. con el reino aftasí de Badajoz. Una zona semidespoblada aún,

---

[202] *Ibid.*, pp. 12 y 13.

[203] E. Terés: *Le développpment...*, *op. cit.*, pp. 78-79. Se citan también a funcionarios destacados, como el juez toledano Abu Muhammad, quien tenía como norma "ordenar el bien y prohibir el mal, habiéndose autonombrado para el cargo; fue autor de un *diwan*, titulado "Kitab al amr wa-l-nahy" y fallecido en 1083; el cadí de Toledo, por dos veces, Abu al-Hassam, cordobés, falleció en Córdoba en 1045 (P. Chalmeta: *El señor del zoco en España,* Madrid, 1973, pp. 405 y 378, que cita a Ibn Baskuwal).

[204] *Vid.* Ibn 'Idari, *al-Bayan*, ed. de Maíllo, pp. 222 y ss.

entre el Duero y la cordillera central, le separaba de los reinos de León y Castilla, cuyos reyes más destacados y con mayor influencia en Toledo serán por entonces Fernando I (1035-1065), Sancho II (1065-1072) y Alfonso VI. Entre aquellos límites estaban, como ciudades más importantes, Guadalajara, Uclés, Huete y Calatrava y posiblemente Talavera también.

El comienzo de su reinado no fue pacífico, teniendo que luchar para detener las aspiraciones expansivas del vecino reino de Zaragoza. Fallecido su rey, Sulayman ibn Hud, en 1046, cesó por fin la lucha y pudieron repararse las devastaciones producidas por ella en ambos reinos.

Pero este expansionismo fue heredado por al-Ma'mun, quien intentó ganar territorios a costa del rey de Badajoz, al cual atacó conjuntamente con los sevillanos. Pudo éste defender sus territorios, pero la enemistad entre ambos sería constante en el futuro, culminando con la fugaz ocupación por el aftasí de la ciudad de Toledo, en junio de 1080[205].

Año 1058

Con el arzobispo Pascual, consagrado en León en 1058[206] termina la serie de metropolitanos mozárabes conocidos. Vivía aún en 1067, como diremos, y es probable que no fuera sustituido por otro al fallecer (hacia 1080, probablemente) pues al conquistar Alfonso VI a Toledo en 1085, no había un prelado en ella.

Año 1057-1058

La consolidación del reino de al-Ma'mun se deja sentir en las taifas restantes, donde ejerce su influencia y de donde recibe peticiones de ayuda. Así sucedió, al sublevarse Guadix contra el rey zirí de Granada, al-Muzaffar. Temió éste que la rebelión se propagara a otras zonas de su reino y pidió auxilio a al-Ma'mun, ofreciéndole como recompensa a su ayuda el territorio que eligiese de entre los recobrados. Aceptó el toledano y unió sus tropas a las que cercaban a Guadix, recibiendo un mensaje de los sitiados en el que le ofrecían el reino de Almería, si hablaba a al-Muzaffar en su favor. Así lo hizo al-Ma'mun, "por ser extremadamente codicioso, más que ningún otro príncipe", según dice el regio cronista.

---

[205] Naanahi: tesis cit., p.15.
[206] *Libro del Tumbo* de la catedral de León, fol. 264, según Z.García Villada: *Catálogo de códices y manuscritos de la Catedral de León*, Madrid, 1919, cód. 11, p. 41. Que la ceremonia se efectuara en León es lógico, ya que la consagración de un obispo precisa la asistencia e intervención de otros tres prelados que, evidentemente, no había en Toledo ni sería fácil reunirlos de otras sedes, y sí en León.

Pero aceptó éste sus consejos y permitió que salieran los sitiados sin tomar represalias. Al fin tuvo que entregar Baza a al-Ma'mun, que fue la recompensa pedida por éste conforme a lo acordado[207].

Pero las tribulaciones del granadino que, siguiendo una frase actual reinaba sobre el filo de la navaja, a juzgar por sus propias memorias, no habían hecho más que empezar. Su propio hijo, Maksan, calificado por sus propios partidarios como enérgico pero poco inteligente, se sublevó contra él en Jaén, el año 1059. Aconsejado Badis al-Muzaffar por su visir, al-Naya, sobornó a los que apoyaban a su hijo rebelde, quien fue expulsado de Jaén y se refugió en Toledo. Aquí le recibió al-Ma'mun honrosamente, dándole un puesto en su ejército, probablemente honorífico tan sólo.

Pero el visir que tan hábilmente aconsejaba fue poco después asesinado en Guadix. Los que tramaron su muerte enviaron su anillo a Maksan para probar lo sucedido y que su peor enemigo ya no existía, proponiéndole que saliera y se uniera a ellos. No le pasaría inadvertido el mensaje a al-Ma'mun, y bien por consejo suyo, o por iniciativa propia, al-Muzaffar escribió a su hijo, perdonando su rebeldía anterior y ofreciéndole el nombramiento de sucesor suyo en Granada. Escribió también a al-Ma'mun, como era lo correcto y prudente, para que éste autorizara la salida de Maksar, lo que permitió enseguida, pensando sin duda en que así se lo agradecerían uno y otro[208].

Años 1062-1065

Pero el peligro efectivo no estaba al sur de Toledo, sino al norte: en el unificado y poderoso reino de Castilla y León, regido por Fernando I, hijo de Sancho el Mayor de Navarra. A partir del año 1062 comienza al-Ma'mun a comprar la protección de aquél mediante el pago de parias, probablemente 10.000 dinares (mithqals) de oro cada año, cifra que indica su economía próspera y de la que una parte remitía el castellano a la abadía de Cluny[209] como donativo piadoso y que, a la vez, le "hermanaba" con el influyente monasterio. En tal donativo será sucedido, tras varias incidencias que no es éste el momento de estudiar, por su hijo Alfonso al morir aquél en 1065.

Pero tal fallecimiento dio lugar a una serie de problemas sucesorios, al dividir Fernando sus reinos entre sus tres hijos: García

---

[207] E. Levi-Provençal y E. García Gómez: *El siglo XI en 1ª persona (memorias de 'Abd Allah, último rey zirí de Granada)*, Madrid, 1980, pp. 134-135.

[208] *Ibid.*, pp. 141-147.

[209] R. Menéndez Pidal: *La España del Cid*, I, p. 135; L. García de Valdeavellano: *Historia de España, I, 2*, p. 285.

heredará Galicia, Sancho recibirá Castilla y Alfonso recibirá los reinos de León y Asturias. Junto con los reinos repartió también los tributos de los reyes de taifas vecinas, Zaragoza, Toledo, Sevilla y Badajoz, con un monto de 40.000 dinares anuales, suma enorme para la época (y para cualquier época) ya que los recibía en oro. Los diez mil del reino de Toledo fueron asignados a Alfonso, quien durante los cinco años siguientes reinaría en León y en Asturias como su padre dispuso, con Toledo como cliente o protegido[210].

La economía toledana debía de ser muy firme cuando tales pagos no le impedían a al-Ma'mun, el mismo año 1065, conquistar Valencia, incorporándola a su reino, que llega así hasta el Mediterráneo[211].

Año 1067

Tenemos de este año una noticia interesante para conocer el estado de la mozarabía toledana. Un arcipreste, llamado Salomón, escribe "in civitate Toledo, in Egresia sanctae Marie Virgine", una copia del tratado sobre la virginidad de María que escribiera san Ildefonso, añadiendo a su colofón "sub Metropolitane sedis domino Paschalis Arciepiscopi". Pascual fue consagrado en 1058, como antes dijimos, y tuvo un largo pontificado pues, aunque no conocemos la fecha de su fallecimiento, debió de producirse hacia el año 1080 en que Alfonso VI propuso al papa Gregorio VII el nombramiento de un sucesor para la sede toledana, lo que lógicamente no habría hecho si viviera aún su titular[212].

La noticia anterior, además de la existencia del metropolitano y de un arcipreste –lo que indicará una organización eclesial, aunque fuera reducida al mínimo, y de una feligresía mozárabe en la ciudad- nos da el nombre del templo donde residía la cátedra episcopal, templo que sustituyó a la catedral visigoda, ocupada para mezquita mayor por los musulmanes: la iglesia fue llamada luego por el propio Alfonso VI Santa María de Alficén[213].

También en este año se registra un nuevo intento de expansión territorial de la taifa toledana, que fracasa por el momento: la anexión de Córdoba al reino de al-Ma'mun. Pactó con los sevillanos la ayuda de és-

---

[210] Ch. J. Biskho: "Fernando I y los orígenes de la alianza castellano-leonesa con Cluny", en *Cuadernos de Historia de España*, XLVII-XLVIII, 1968, pp. 97 y ss. y 122; *Chronicon Compostelanum*, en la *España Sagrada* de Flórez, XXIII, p. 326, y XX, p. 609.
[211] Menéndez Pidal: *Adefonsus Imperator Toletanus...*, *op. cit.*, p. 240.
[212] J. F. Rivera: *La iglesia de Toledo en el siglo XII*, Roma, 1966, pp. 66 y ss.
[213] J. Porres: "La iglesia mozárabe de Santa María de Alficén", en *Historia mozárabe*, Toledo, 1978, *passim*.

Mezquita del Cristo de la Luz

tos, a cambio de la ciudad de Carmona, que efectivamente les cedió, reuniendo un importante ejército –incluso con mercenarios cristianos- y abundantes provisiones, en lo que invirtió casi tres años de preparativos. El año 1070 iniciaba las hostilidades; pero el rey de Sevilla al-Mu'tamid, incumpliendo el acuerdo con su padre, no prestó ayuda alguna y el toledano tuvo que iniciarla solo. Lo conseguirá, pero varios años más tarde.

En efecto, salió de su reino el citado año 1070, tomando fácilmente plazas y castillos de 'Abd al-Malik, rey de Córdoba, sin apenas resistencias por no disponer éste de soldados suficientes. Sitió a la capital, ocupando sus barrios extramuros, especialmente al-Zahara, confiando en que la falta de provisiones haría rendirse a los cercados; pero la ciudad recibió ayuda de los sevillanos y duró el cerco más de lo previsto. Había, pues, que esperar y escoger otro camino: el de la intriga y la rebelión interior. Sin levantar el cerco, regresó al-Ma'mun a Toledo[214].

Año 1072

En el transcurso del asedio a Córdoba se producía un suceso inesperado en la corte de al-Ma'mun. El reparto de los reinos hecho por Fernando I no era estable ni mucho menos; y el heredero de León y Asturias, Alfonso, fue derrotado en Golpejera por su hermano Sancho y encarcelado, lo mismo que el otro hermano, García. Pero el pacto de su padre con Cluny, unido a que la esposa de Alfonso era francesa (y al enviudar, casará en 1079 con la sobrina de san Hugo de Cluny, Constanza), funcionará satisfactoriamente y la influencia del famoso abad logrará que Alfonso sea libertado, aunque con la condición de que se exilie del reino perdido en la batalla. En enero de 1072, el antiguo protector de al-Ma'mun se convierte en su protegido y es acogido en Toledo con sus servidores más fieles[215].

Debió de existir cierta afinidad personal y recíproca, como suele suceder en estos casos, entre Alfonso y al-Ma'mun. Tal vez éste, excelente político, pensara que era más útil ganarse la amistad y gratitud de aquél para el futuro que, sencillamente, darle muerte, lo que le hubiera sido bien fácil, aunque también contrario a los usos caballerescos del momento. Le acogió honrosamente, le alojó en su palacio (el Alficén), le cedió para su solaz la Huerta del Rey, posesión regia extramuros de la ciudad, y le atendió como a príncipe que era, caído en desgracia por el

---

[214] Naanahi: tesis cit., p. 16.
[215] Biskho: art. cit., p. 32.

momento, pero quién sabe si con un prometedor porvenir[216].

Y así fue, aunque lo sucedido para lograrlo no pudiera preverlo al-Ma'mun ni probablemente tampoco Alfonso. En octubre del mismo año se supo en Toledo que Sancho II había sido asesinado por la espalda por Bellido Dolfos, mientras sitiaba Zamora. Con el conocimiento y la venia de al-Ma'mun, el heredero indiscutible de los territorios dejados por su padre (pues García seguirá preso hasta su muerte en 1090, eso sí, con muy lucidas honras fúnebres) sale de Toledo y recupera el trono. Y con él, el cobro de todas las parias de los reinos de taifas vasallos, 40.000 mitqales, con los que, además de entregar a Cluny, de momento, cuatro monasterios de patronato real en León, a partir del año 1077 remite al abad de Cluny 2.000 dinares o mancusos de oro por año, en lugar de los mil que pagaba su padre, para compensar los años que no pudo pagar[217].

Según cantarán luego los juglares, Alfonso aprovechó su estancia en Toledo para estudiar las defensas de la ciudad y planear su conquista futura. Esta posibilidad en sus días de exilio debía de aparecerse a todos como bien remota. De tales romances surgió la leyenda de la "mano horadada".

Años 1074-1075

Prosiguió al-Ma'mun el sitio de Córdoba, pero no logrando éxito el asalto directo a la ciudad, envió a un partidario suyo, Hakam ibn 'Ukasa, para que organizase una conspiración interior.

Ayudado por un soldado de la guarnición, penetró Ibn 'Ukasa en la ciudad cercada aprovechando una noche de tormenta. Reunido con un grupo de partidarios que ya tendría preparados, se dirigió directamente al palacio real, donde entró por la fuerza. Se despertó el joven príncipe 'Abbadi y reuniendo a sus leales, consiguió rechazar a los asaltantes hasta el vestíbulo; pero resbaló y uno de los secuaces de Ibn 'Ukasa le dio muerte allí mismo.

---

[216] Menéndez Pidal: "Adefonsus Imperator Toletanus..." *op. cit.*, en *Historia y Epopeya*, Centro de Estudios Históricos, Madrid, 1934, pp. 240-241. Estima que se alojó en el alcázar real, aunque sus paseos se hacían en la Huerta del Rey. Afirma lo contrario Jiménez de Rada en *De rebus Hispaniae*, lib. VI, cap. X.

[217] Biskho: *op. cit.*, pp. 92-93. Evalúa este envío áureo a Cluny teniendo en cuenta que el mitqal pesa 120 grs. y, a razón de 35 $ por onza, suponen 4.200 dólares anuales (de 1968, fecha de su artículo), "suma enorme, que nunca superó otro protector de la abadía cluniacense". Aunque en España su estimación era muy distinta, sí tenemos en cuenta que reinando al-Hakam se recaudaban 250.000 mitqales; más de un millón bajo 'Abd al-Rahman II y 5.480.000 por 'Abd al-Rahman III, más 765.000 de ingresos personales de éste.

Careciendo ya de jefe, no fue difícil convocar a los notables cordobeses en la mezquita mayor y convencerles de que jurasen fidelidad a al-Ma'mun. Estaba éste en Valencia, donde recibió a una delegación de sus nuevos vasallos, acudiendo rápidamente a Córdoba para tomar posesión de su nuevo reino[218]. Tal vez aspirase a reunificar bajo su mando toda la España musulmana o, al menos, así lo temían sus rivales de otras taifas. Era el mes de enero de 1075 y para su conquista contó, al parecer, con la ayuda de Alfonso VI, buen amigo suyo.

Mientras tanto, éste no permanecía ocioso. Posesionado del reino castellano-leonés, envió a su antiguo ayo y consejero Pero Ansúrez a Granada, exigiendo a su rey un tributo de 20.000 dinares. El rey zirí, 'Abd Allah, rechazó la exigencia, confiando en que por separar a su reino del de Castilla el toledano, regido por al-Ma'mun, éste no sería atacado por Alfonso. Al regresar el embajador le fue, sin embargo, ofrecido por un enviado de al'Mutamid de Sevilla nada menos que 50.000 dinares si le ayudaba a conquistar Granada, de cuyo tesoro real saldría esta suma con creces. Alfonso envió un ejército para iniciar las operaciones, conquistando Alcalá la Real. 'Abd Allah entonces pidió la intercesión de al-Ma'mun como mediador para pagarle la suma que antes le había negado, pero que ahora tuvo que elevar a 30.000 dinares después de una entrevista personal con el rey castellano, así como un tributo anual de otros 10.000[219].

El 28 de junio de 1075 fallecía al-Ma'mun, se dice que por envenenamiento ejecutado por algunos de su propio séquito[220]. Con él terminaba una verdadera época áurea de su ciudad, tanto en el aspecto político como en el cultural. Como ha escrito E. Terés, bajo al-Ma'mun la corte se pobló de sabios y de poetas. Entre otros, el historiador Ibn al-Hiyari cita a Muhammad b. Saraf, llamado "gloria del Qayrawan; 'Abd Allah b. Jaliia al-Misrí ... Desde Muluk al-Tawa'if, no se habían reunido tantos visires y secretarios ilustres[221]. Entre los poetas protegidos por al-Ma'mun, que, a semejanza de los demás monarcas musulmanes, gustaba de escuchar

---

[218] Ibn al-Jatib, p. 158, citado por Naanahi en su tesis cit. p. 17. Fallecido al-Ma'mun en junio del mismo año, como diremos, siguió gobernando en Córdoba Ibn 'Ukasa durante dos años más, hasta que en 1077 la tomó el rey de Sevilla. *Vid.* Menéndez Pidal: *Adefonsus..., op. cit.,* p. 242.
En cuanto a la repercusión que la toma de Córdoba tuvo en al-Andalus, la recoge el rey de Granada 'Abd Allah en sus *Memorias*; E. Levi-Provençal y E. García Gómez: *El siglo XI en 1ª persona..., op. cit.,* pp. 162 y 164.
[219] Levi-Provençal y E. García Gómez: *El siglo XI en 1ª persona..., op. cit.,* pp. 153-154 y 157-161.
[220] Naanahi: *op. cit.,* pp. 17-18.
[221] E. Terés: *Le développement..., op. cit.,* pp. 79 y ss., son una extensa lista de poetas, historiadores y científicos de esta época.

sus poesías laudatorias, el toledano al-As'ad Ibrahim ibn Billita, fallecido en 1048, autor de una *qasida* de alabanza al rey de Almería al-Mu'tasim, así como varias composiciones breves[222]. Se cita también a Ibn Arfa Ra'suhu que "es, sin duda, uno de los mejores poetas originarios de Toledo que escribieron en árabe, dotado de una gran sensibilidad poética[223]. Fueron especialmente recordadas las fiestas para celebrar la circuncisión del nieto del rey, Yahya al-Qadir, que se hicieron famosas en todo el Occidente y en las que hubo regalos de gran valor y donativos en metálico a manos llenas.

Protegió también al-Ma'mun las ciencias, tanto religiosas como profanas. Los estudios coránicos continuaron en Toledo, país de ascetas y de teólogos, entre los que destacó Abu l-Walid al-Waqasi (¿natural de Huecas?), considerado como una enciclopedia tanto de teología como de gramática, poesía y arte epistolar, experto en particiones sucesorias, en matemáticas y en geometría, de quien se dice que "sabía todo"[224]. En 1055 falleció en Toledo el astrólogo Abu Bakr Yahyà b. Ahmad b. Al-Jayyat, al servicio de al-Ma'mun y quien predijo la muerte del rey de Zaragoza al-Muqtadir b. Hud en 1076 (profecía cumplida veinte años después de morir el astrólogo) según cuenta el rey zirí de Granada 'Abd Allah; fue famoso también el naturalista y médico toledano Ibn al-Bagunis, que cursó estudios en Córdoba y regresó luego a Toledo; fue hombre erudito más que práctico y buen conocedor de las obras de Galeno[225]. En el mismo período, el sabio nacido en Calatayud Abu Ya'far ibn Domingo, tal vez mozárabe, enseña en Toledo Aritmética, Geometría y partición de herencias, así como Astronomía[226]. Ya hemos citado a Ibn Wafid, botánico y médico famoso, autor entre otros del *Libro de la Almohada*; y merecen ser mencionados también 'Ali ibn Jalaf, inventor de la "lámina universal", e Ibn Bassal, agrónomo destacado[227].

Pero el más famoso astrónomo de la corte y de toda la época hispano-árabe es, sin disputa, Azarquiel. Abu Ishaq Ibrahim b. Yahyà *al-Naqqas* (hijo del cincelador), que tal era su nombre completo. Sus ojos azules (zarcos) motivaron el apelativo de Azarqel o Azarquiel. Como dice el cadí de Toledo Ibn Sa'id, su protector y al que luego citaremos, fue

[222] E. García Gómez: *El libro de las banderas de los campeones de Ibn Sa'id al-Magribi*, Barcelona, 2ª ed., pp. 197-198.
[223] E. Terés: *op. cit.*, p. 80. Añade otros poetas no nacidos en Toledo pero que brillaron también en la corte de al-Ma'mun, acogidos a su patrocinio.
[224] *Ibid.*, pp. 79-80.
[225] J. Vernet: *La cultura hispanoárabe...*, *op. cit.*, p. 39.
[226] Ibn Sa'id: *Tabaqat*, citado por J. M. Millás Villacrosa en *Estudios sobre Azarquiel*, Madrid, 1943-1950, pp. 31 y 32.
[227] *Vid. supra*, año 1008 y notas 185 y 186.

Azarquiel en sus comienzos un artesano del hierro que se especializó en construir instrumentos encargados por los astrónomos de la corte y que, dirigidos por el mismo Ibn Sa'id, intentaban redactar tablas astronómicas seguras. Siguiendo sus instrucciones, aprendió también los fundamentos de ellas y de discípulo se convirtió en maestro, inventando instrumentos nuevos (la azafea) y redactando las famosas *Tablas toledanas*, en cooperación con otros astrónomos, que dieron origen a las alfonsíes de 1272, tablas referidas al meridiano de Toledo. Hizo un almanaque que enlazaba el usual entonces, de Alejandría, con los europeos; la *Suma del nacimiento del Sol* (1061), perdida; un *Tratado del movimiento de las estrellas fijas*, continuación del anterior y escrita ya en Córdoba; el *Tratado sobre la azafea*, que dedicó al rey de Sevilla al-Mu'tamid; y una obra astrológica, el *Tratado de los siete planetas*[228]. Huyendo de la conquista cristiana de Toledo se refugió en Córdoba, donde siguió sus estudios y luego en Sevilla. Falleció el 15 de octubre de 1100[229].

Una anécdota sobre sus inventos se ha hecho famosa. Cuenta el geógrafo granadino Muhammad b. Abu Bakr al-Zuhri (m. 1137) que Azarquiel oyó hablar de cierta figura que en la ciudad de Arin, en la India, señalaba las horas con unas aspas o manos, desde que salía el sol hasta su ocaso. Decidió entonces fabricar un ingenio para que las gentes supieran constantemente qué hora del día y de la noche era, pudiendo además calcular el día lunar. Para tal fin hizo dos estanques en una casa, en las afueras de Toledo, a orillas del Tajo y cerca del Bab al-Dabaggin (puerta de los Curtidores) que se llenaban de agua o se vaciaban totalmente según el creciente y el menguante de la Luna, a razón de 1/14° por día. Era inútil añadir o sacar agua de los estanques, pues se desalojaba lo añadido o se reponía la cantidad extraída, automáticamente. Duraron tales relojes acuáticos hasta el año 1133-1134 en que, reinando ya Alfonso VII, autorizó éste al astrónomo judío Hamis b. Zahara para que los desmontase, estudiara su sistema de funcionamiento y volviera a montarlos de nuevo; pero no consiguió que marchasen otra vez[230].

Y aunque ha quedado oscurecido por las obras de aquellos a quienes protegió, debe mencionarse por último al almariense Ibn Sa'id, nombrado cadí (juez) de Toledo por el propio al-Ma'mun, probablemente a fines del año 1057 y cuyo cargo desempeñó hasta su fallecimiento en el

---

[228] Millás: *Estudios sobre Azarquiel, op. cit.*, p. 3 y *passim*; Ibn al-Abbar: *Takmila-t-Essila*, cita de Millás, p. 10.

[229] *Loc. cit.*, y Vernet: *La cultura hispanoárabe...*, *op. cit.*, pp. 40-41; Millás: *op. cit.*, pp. 103 y ss.

[230] Transcripción de Millás en *op. cit.*, pp. 7-9. El funcionamiento de estos relojes es hoy conocido: *vid.*, por ejemplo el artículo de J. Menéndez Pidal: "Ideas para un observatorio-museo de Alfonso X en Toledo", en *Bellas Artes / 73*, núm. 27, noviembre 1973.

año 1070. Fue un destacado historiador de la ciencia y un gran mecenas del grupo de astrónomos que en Toledo lograron los avances científicos que acabamos de mencionar, especialmente de Azarquiel, apoyado siempre por al-Ma'mun, quien deseaba emular al califa homónimo. De sus obras se destaca la titulada *Tabaqat al-umam* (Libro de las Categorías de las Naciones), donde recopila datos sobre obras y autores, analiza sus doctrinas y expone además ideas propias. Entre ellas, un curioso racismo, pues afirma la capacidad creadora desigual de las distintas razas[231].

Año 1075

Tal desarrollo cultural, en competencia con el de otras cortes andaluzas, debió favorecerse en sus comienzos por la inacción de Alfonso VI en sus primeros años de reinado, ocupado con los problemas sucesorios, y luego con el agradecimiento de ésta hacia al-Ma'mun. Pero afianzado ya su poder en el reunido reino cristiano, comenzó su política de otorgar protección a cambio de cuantiosos tributos a los reinos taifas, receptores de fuertes impuestos, así como de ingresos por el comercio de esclavos, o por gravámenes sobre los artículos de lujo fabricados por sus hábiles artesanos. Agradecido por la generosa acogida del rey toledano en sus meses más difíciles, es posible que éste no tributase igual que antes; pero en todo caso le ayudaba en sus exigencias dinerarias con respecto a los otros reyes, aconsejando a éstos que aceptasen sus demandas como mal menor.

Pero al finalizar junio de 1075 falleció, como dijimos, el inteligente y culto rey taifa de Toledo. Y como su hijo Isma'il había muerto en el mismo año, heredó el trono el nieto, al-Qadir. Con éste no tenía Alfonso compromiso alguno, ni gratitud por favores de ninguna clase.

Coinciden sus biógrafos en que este nieto del gran al'Mamun no heredó de su abuelo únicamente el nombre (se llamaba también Yahyà ibn Isma'il Ibn Di l-Nun) sino también su afición a la cultura, siendo buen bibliófilo además de orador elocuente. Pero su carácter era el de un ser débil e incapaz, educado en el harén entre mujeres y eunucos[232]. Con precaria salud además, pues padecía constantemente del estómago, lo que agriaría su carácter como es corriente. Rápidamente fue dominado

---

[231] Agradecemos estos datos sobre Ibn Sa'id a nuestro buen amigo, director de la Escuela de Estudios Árabes de Granada, el doctor Álvarez de Morales, quien nos informa también de que existe una traducción francesa de las *Tabaqat*, realizado por Blachère, en París, 1935.
Sobre el racismo de Ibn Sa'id, vid. J. Vernet: *La cultura hispanoárabe*, *op. cit.*, p. 28.
[232] De su educación contaba su preceptor Abu Bakr b. Fadlun que había recibido órdenes de que, cuando al-Qadir se equivocase en sus lecciones, fuera castigado por él su esclavo Sandal; por lo que era éste quien aprovechaba las enseñanzas, no el príncipe (Terés: *op. cit.*, p. 83).

por los cortesanos del tiempo de su abuelo, y no precisamente por los mejores.

Su primera medida, enormemente impopular fue autorizar el asesinato del primer ministro de aquél, Ibn al-Hadidi[233], precisamente el que al-Ma'mun le había recomendado que mantuviese en su puesto. El 26 de agosto, dos meses después de asumir el trono, le citaba a su presencia, hallándose allí previamente los mayores enemigos del visir. Al verlos éste comprendió la traición de su propio rey, que no hizo nada por evitar que le mataran en su presencia. E incluso persiguió a sus parientes más próximos, como su hijo Sa'id ibn al-Hadidi, que fue encarcelado en el castillo de Huete hasta su muerte[234].

La muerte del fiel visir dio lugar a revueltas y pillajes en Toledo, dividiéndose la población en dos bandos irreconciliables. Se debilitó la posición de al-Qadir y, a instigación de los mismos que asesinaron a aquél, Abu Bakr b. 'Abd al-'Aziz se sublevó en Valencia y al-Mu'tamid de Sevilla conquistó Córdoba, sin que Alfonso VI hiciera nada por impedirlo (1076-1077)[235]. Por su parte, el rey de Zaragoza al-Muqtadir b. Hud se alió con Sancho Ramírez de Aragón y atacó las fronteras del reino toledano, conquistando Santáver, el viejo feudo de los Banu Di l-Nun, y Molina de Aragón nuevamente. Sancho, en contrapartida, puso sitio a Cuenca, teniendo que pagar la ciudad una elevada suma para que se retirase. Tales ataques debieron de ser instigados por el propio partido toledano, enemigo de su rey.

Tantos desastres y por distintos sitios obligaron a al-Qadir a pedir ayuda a Alfonso VI (quizá era lo que buscaban sus enemigos para desacreditarlo), enviando a Basir al-Fath para defender la frontera. Se retiraron, en efecto, Ibn Hud y Sancho de Aragón; pero tal alianza con el que, evidentemente, no sólo era su más poderoso enemigo sino el de todo el Islam peninsular, indignó a numerosos toledanos, que se unieron al partido contrario al rey, dedicándose a planear soluciones para evitar un final que ya aparecía como irremediable[236], mientras que se agravaba la situación económica por las crecidas sumas que Alfonso se hacía pagar por su ayuda.

---

[233] Abu Bakr Yahyà ibn Sa'id al-Hadidi. Conf. García Gómez: *El siglo XI en 1ª persona, op. cit.,* p. 163 y nota 24.

[234] Pidió ser enterrado con sus cadenas y que se grabara en su tumba la frase: "Aquí yace uno que ha sufrido una plaga, pero el pueblo sigue padeciendo otra plaga igual" (Terés: *op. cit.,* p. 83), frase que se convirtió en proverbio en Toledo.

[235] Naanahi: tesis cit., p. 18; Prieto Vives: *Los Reyes de Taifas,* Madrid, 1929, pp. 54 y 75: Lomax: *La Reconquista, op. cit.,* p. 88; Ibn al-Jatib, fol. 220, *apud* Menéndez Pidal: *Adefonsus..., op. cit.,* p. 242.

[236] Menéndez Pidal: *Adefonsus Imperator..., op. cit.,* pp. 241-243.

Año 1077

Tales sumas tenían, por cierto, un destino ultrapirenaico, al menos en parte. El 10 de julio de 1077 anunciaba Alfonso al poderoso abad de Cluny el envío de 20.000 dinares de oro, seguramente procedentes de los pagos de la taifa toledana y, además, de 30.000 mithqales entregados por el rey zirí de Granada, 'Abd Allah[237]. En 1079, viudo Alfonso de nuevo, se casaría con Constanza de Borgoña, sobrina del influyente abad cluniacense[238], reforzando así su alianza con la Gascuña franca, de la que procederán los cuatro arzobispos toledanos que regirán, sucesivamente, la sede primada a partir de 1085, así como los yernos del rey, Raimundo y Enrique.

Año 1079

Comienza ya en este año el ataque directo de Alfonso VI a la taifa de Toledo, probablemente de acuerdo en un principio con al-Qadir, para que éste se impusiera a sus contrarios dentro de la ciudad, ante la amenaza que el ataque cristiano supondría para todos. A la vez, el rey castellano atacaba al de Badajoz, 'Umar al-Mutawakkil ibn al-Aftas, conquistándole Coria en septiembre de 1079, primera adquisición cristiana en el valle del Tajo, prolongación de su reino de León y apoyo importante para avanzar, tanto río abajo hacia el reino aftasí como en dirección a Talavera y Toledo. Alarmado al-Mutawakkil pidió ayuda al emperador almorávide, sin que éste acudiese[239] de momento.

Pero al-Qadir no conseguía por este medio solucionar sus problemas internos. Al contrario, la facción enemiga ganaba constantemente adeptos dentro de la ciudad. Pidió otra vez ayuda a Alfonso, quien le exigió el pago por adelantado de sus servicios; y no disponiendo ya de fondos el toledano incapaz, reunió a sus notables y a los vecinos más adinerados, exigiéndoles que asumieran el pago del nuevo tributo, bajo la amenaza de tomar en rehenes a sus mujeres e hijos. Ante ello, su mismo cadí, Yahyà b. Labun, le respondió que "con esas palabras que acabas de decir va envuelta tu perdición". Y el partido intransigente con Alfonso acordó entablar negociaciones con el rey de Badajoz, ofreciéndole el trono de Toledo[240].

---

[237] García Gómez y Levi-Provençal: *El siglo XI en 1ª persona...*, op. cit., pp. 160-161; E. Levi-Provençal: *Al-Andalus*, IV, 1936-1939, pp. 36-40 y 107-108; Biskho: *Fernando I...*, op. cit., pp. 124-126; Menéndez Pidal: *La España del Cid*, I, op. cit., pp. 257-259.
[238] Biskho: *Fernando I...*, op. cit., p. 32.
[239] *Crónica Najerense, apud Bulletin Hispanique*, XI, p. 278, citado por Menéndez Pidal en *Adefonsus...*, op. cit., p. 244, nota 1; Dozy: *Recherches...*, 1849, pp. 228-230 y 189.
[240] Kitab al-Iktifa, en *Loci de Abbadidis*, II, p. 17, según Menéndez Pidal en *Adefonsus...*, op. cit., p. 245.

Año 1080

Al-Qadir, conocedor del abandono de sus súbditos, se sintió perdido. De noche y por una puerta secreta de su alcázar huyó de Toledo, con parte de sus tesoros y con muy pocos de sus leales. Incluso la sultana y su hija tuvieron que caminar a pie más de dos parasangas, hasta encontrar cabalgaduras[241]. Intentaron refugiarse en Huete, pero su alcaide, Ibn Wahab, los rechazó también. Por fin, fueron acogidos en Cuenca por al-Faray[242].

Cuando los altos cargos del palacio hallaron vacío el alcázar regio, que saqueaban ya los criados, deliberaron varios días sobre la mejor solución a adoptar. Estaba entonces en Toledo –y no por casualidad, sin duda- un enviado del rey taifa de Badajoz, y éste les propuso enviar una diputación de notables al aftasí, ofreciéndole formalmente el trono. Aceptó éste inmediatamente y entró en Toledo, en junio de 1080[243].

Pero al-Qadir, desde su nuevo refugio de Cuenca, seguía negociando con Alfonso, recordándole ahora la hospitalidad que su abuelo le prestara en horas difíciles para el leonés desterrado. Se entrevistaron en Cuenca y convinieron en que Alfonso expulsaría al aftasí de Toledo, pero la ciudad sería para el rey cristiano; en compensación, Alfonso conquistaría después Valencia y al-Qadir reinaría en ella con su apoyo. Pagaba éste los gastos de la guerra y le entregaba en prenda los castillos de Zorita, sobre el alto Tajo, y Canturias, sobre el mismo río y próximo a Talavera, castillos que Alfonso fortificó y abasteció seguidamente[244]. En metálico, además, al-Qadir entregó su tesoro personal y, como se estimara insuficiente, cedió el castillo de Canales, sobre el Guadarrama. El metálico se evaluó en 150.000 dinares[245], cifra que parece bastante exagerada.

Por cierto que el trato estuvo a punto de complicarse por la intervención espontánea del Cid, quien atacó las tierras toledanas, obteniendo cautivos y botín del oficialmente amigo de su rey. Juzgada peligrosa esta *razzia* por los cortesanos de Alfonso, éste desterró al Campeador en 1081[246].

---

[241] *Ibid.*, siguiendo a Ibn Bassam e Ibn al-Jatib.

[242] Ibn Bassam, IV de su *al-Dajira*, cita de Naanahi en tesis citada.

[243] *Adefonsus...*, *op. cit.*, p. 246.

[244] Naanahi: tesis cit.*; Kitab al-Iktifa*, según Menéndez Pidal: *op. cit.*, p. 247.

[245] *Ibid.*, tesis citada. En *El siglo XI en 1ª persona*, *op. cit.*, p. 163, dice 'Abd Allah que fue al-Qadir quien compró un castillo (no dice cuál) a Alfonso por ese precio, lo que evidentemente es un error. Sin duda el rey de Granada oyó la cesión y la entendió al revés.

[246] *Adefonsus...*, *op. cit.*, p. 247.

Mezquita del Cristo de la Luz

Año 1081

Mientras tanto, el rey de Badajoz se creía seguro en Toledo, donde incluso organizó fiestas suntuosas, confiado en la fortaleza de la ciudad. Pero Alfonso inició sus ataques conforme a lo convenido con al-Qadir y, viendo el peligro cercano y la dificultad de controlar a la vez Badajoz y Toledo (en ésta, además, con indudables enemigos dentro), al-Mutawakkil huyó en abril de 1081, siendo repuesto al-Qadir en su antiguo trono en mayo del mismo año[247].

Pero la situación interior no era nada segura. Los vecinos estaban divididos en dos bandos, uno enemigo acérrimo de Alfonso y otro, más contemporizador, que se interesaba sólo por una defensa honrosa, que les dejara en buen lugar ante los demás musulmanes, previendo el descrédito que sufrirían en todo al-Andalus si se llegaba a una conquista fácil. Aconsejaron secretamente a Alfonso, pues un cerco riguroso, que dejara bien claro que habían llegado al límite en sus deseos de conservar la vieja capital visigoda[248].

Los alrededores de Toledo estaban ya por completo bajo el dominio cristiano, firmemente apoyado en los tres castillos que pudieran haberla servido de avanzada por el E., O. y N.: Zorita, Canturias y Canales. Especialmente la cesión de este último dio lugar a alborotos en la ciudad, comprendiendo su valía como fortificación que controlaba la ruta directa hacia León y Castilla. Alfonso comenzó a lanzar expediciones contra Toledo e incluso más allá, llegando como diremos a Sevilla y al fin a Tarifa, provocando ataques de al-Muqtadir de Zaragoza y al-Mu'tamid de Sevilla. Tan seguro debía sentirse Alfonso del éxito total ante Toledo, que comenzó a tratar con el papa Gregorio VII la elección futura de un arzobispo para la sede metropolitana[249]. Los partidarios más firmes de resistir comenzaban ya a emigrar, algunos a Zaragoza, donde el rey Ibn Hud los dio asilo y al que, posiblemente, incitaran a los ataques en la frontera de su reino con el de Toledo.

---

[247] *Ibid.*, pp. 247-248.

[248] Jiménez de Rada: *De rebus Hispaniae*, VI, p. 22.

[249] Menéndez Pidal: *Adefonsus...*, *op. cit.*, pp. 248-249; Naanahi: tesis cit., sobre textos de Ibn al-Kardabus, pp. 157-158. El estudio y propuesta de un nuevo arzobispo indicará que ya no vivía Pascual, último metropolitano mozárabe conocido, citado el año 1067.

Años 1081-1082

Repuesto en el trono al-Qadir, reanudó las vejaciones contra sus súbditos. Apareció entonces en Toledo un enviado, ibn 'Ammar, gobernador de Murcia por al-Mu'tamid de Sevilla y especializado por lo visto en conjuras y sublevaciones según le describe el rey de Granada. Buscaba la ayuda de Alfonso VI y, tal vez para congraciarse con éste, aconsejó a los contrarios de al-Qadir que le expulsaran y se gobernaran por sí mismos, pagando tributo al rey cristiano para que éste les protegiera. Lo supo el Ibn Di I-Nun y deshizo rápidamente el complot, huyendo Ibn 'Ammar y refugiándose los más implicados en el ejército de Alfonso[250], que acampaba entonces junto a Toledo, en la vega y terrenos inmediatos al norte y oeste de la ciudad[251].

No cejaron por este fracaso los conjurados. El 2 de mayo de 1082, un grupo de ellos se presentó en el campamento cristiano para tratar directamente con el rey, exponiéndole los malos tratos que recibían de al-Qadir. Pero Alfonso no sólo no les hizo caso, sino que ordenó que los expulsaran a pedradas. Ello agravó la situación interior de la ciudad, máxime cuando el más firme enemigo de al-Qadir y cabeza del partido contrario a éste, Ibn Mugait, falleció por entonces[252]. Algunos toledanos pudieron huir a Magerit (Mayrit) pero al-Qadir les persiguió, confiscó sus bienes y crucificó a los que pudo apresar. Llegó incluso a prohibir terminantemente toda entrada o salida de Toledo de sus súbditos[253]. Por su parte, Alfonso no permanecía siempre con el ejército sitiador, sino que incluso se permitía enviar parte de sus fuerzas contra Rueda (Zaragoza), intentando tomarla, sin éxito[254].

En este año se produjo también el ataque a Sevilla que mencionamos anteriormente. Había llegado a esta ciudad un judío servidor de Alfonso, Ibn Xalib, para cobrar el tributo anual; examinó las sumas entregadas y las halló faltas de peso. Protestó de forma insolente por lo que, enfurecido al-Mu'tamid, aprisionó a los demás enviados e hizo empalar al judío. En venganza, el rey cristiano devastó Beja, Niebla y el mismo Aljarafe sevillano, combatiendo la capital durante tres días; saqueó el término de Sidonia y llegó hasta Tarifa, haciendo entrar a su caballo en el mar como símbolo de su poder[255].

---

[250] García Gómez y Levi-Provençal: *El siglo XI en 1ª persona...*, op. cit., p. 167.

[251] Inexplicablemente seguía abierto el camino hacia el Sur, a través del puente de piedra (Alcántara), que no cerró Alfonso hasta el otoño de 1084.

[252] Este Ibn Mugit o Mugait fue uno de los que asesinaron a Ibn Hadidi, según las memorias de 'Abd Allah; cfr. *El siglo XI en 1ª persona...*, p. 163.

[253] Ibn Bassam, según Menéndez Pidal en *Adefonsus...*, op. cit., p. 258.

[254] *Ibid.*

[255] *El siglo XI en 1ª persona*, op. cit., p. 184; Menéndez Pidal: *La España del Cid*, op. cit., 1956, pp. 299-300.

Año 1084

En el otoño de este año, tras seis campañas anuales de ataques a la ciudad y devastación de sus alrededores con destrucción de las cosechas, pasó Alfonso una noche el Tajo con una pequeña tropa de caballeros y se aposentó en la Huerta del Rey, posesión predilecta de al-Ma'mun y a la cual, se dice, que acudía el cristiano con frecuencia en los meses de su destierro. Desde la célebre *al-munya al-mansura*, donde su viejo amigo taifa pasaba los calurosos estíos toledanos y daba las fiestas más cantadas por su corte de poetas, se controlaba ya todo posible socorro para los sitiados desde el Sur. Se consideró así dueño efectivo de la ciudad e incluso se le titula en algunos diplomas como "regnante en Toleto". Pero el invierno fue muy riguroso, llegando a transcurrir dos meses sin recibir provisiones del norte. El abastecimiento de los sitiadores se resolvió por fin gracias a otros reinos de taifas, que deseaban congraciarse así con Alfonso[256].

Peor era, sin duda, la situación de los sitiados. Siguiendo el ejemplo de Azarquiel, los más destacados huyeron hacia Córdoba, Sevilla o Granada, llegando algunos hasta Fez. En lo repertorios biográficos se cita con frecuencia a hombres destacados en las letras, la ciencia o la religión, apellidados al-Tulaytuli, "el Toledano". Otros seguirían todavía en la ciudad, como Ibn Mutahir, nacido en Toledo y ya famoso bajo al-Ma'mun, quien escribió después de 1085 una *Historia de los faqihs y cadíes de Toledo*, obra hoy perdida pero que fue utilizada por Ibn Baskuwal en su Kitab al-Sila[257]. Falleció diez años después de la conquista, en 1095.

Otros se harían cristianos, como el alfaquí Abu l-Qasim b. Al.Jayyat, quien había llevado 50 años de vida ejemplar dentro del Islam. Le reprocharon sus amigos su conversión, contraria a su anterior conducta; pero él puso como ejemplo al camaleón, añadiendo que tanto los cristianos como los musulmanes adoraban al Dios misericordioso, al que rezaban tanto en público como en privado; pero si la religión cristiana no creyera en su Creador, él no la habría aceptado. Tratándose de un alfaquí cuya virtud era conocida, su conversión partió evidentemente de la idea de que todos adoraban al mismo Dios[258].

---

[256] Menéndez Pidal en *Adefonsus...*, *op. cit.*, pp. 254-255; Jiménez de Rada: *De rebus*, lib. VI, cap. XXII.

[257] Edición de El Cairo, 1955.

[258] E. Terés: *Le Développment...*, *op. cit.*, pp. 84-85. Sitúa este autor en tal época la conversión de santa Casilda y su hermano Alí, a quien se atribuye el llevar el culto mariano a Almaharin (Cáceres).

Año 1085

Los angustiados toledanos idearon todavía un último recurso, acorde con las costumbres guerreras y caballerescas de la época. Visitaron a Alfonso en su campamento, que seguía en la Huerta del Rey, y le pidieron permiso para enviar mensajeros a otros reyes musulmanes, solicitando su ayuda. No quería dejarles pasar el camarero del rey, pero por mediación de Sisnando b. Davídiz, mozárabe y futuro alcalde de Toledo al rendirse la ciudad, consiguieron al fin que el rey les recibiera. Al oír éste su petición, hizo pasar a los embajadores de aquellos mismos reyes, quienes le ofrecieron costosos regalos que Alfonso menospreció. Viendo los toledanos que su idea era inútil, regresaron a la ciudad y se encerraron en sus casas. A los tres días se rendía Toledo[259].

Tal rendición se convino el 6 de mayo, fecha que citan todos los historiadores musulmanes; pero hasta el día 25 no entró Alfonso en la ciudad. Las capitulaciones de entrega acordaron que la mezquita mayor seguiría con culto islámico, rigiéndose los musulmanes además por su propio Derecho. Los que desearan seguir viviendo en Toledo podrían hacerlo libremente, tributando únicamente lo que antes pagaban a al-Qadir[260]. Podrían también irse libremente si lo deseaban así, aunque abandonando sus bienes; caso de regresar, los recobrarían (cláusula ésta muy difícil de cumplir si la ausencia era muy larga. Tal vez se fijara un plazo máximo para volver con tal derecho de reversión). El rey adquiría el alcázar o Alficén y la Huerta del Rey y suponemos que las restantes propiedades de al-Qadir en Toledo[261], ya que éste se iba también de la ciudad y evidentemente no iba a regresar. Para remediar el hambre y necesidades de todo tipo de los asediados, Alfonso VI les entregó 100.000 dinares, con los que pudieron sembrar y cultivar las huertas y comprar víveres[262].

Ya hemos dicho que se les reconoció también el uso de su Dere-

---

[259] Ibn Bassam e Ibn al-Jatib, citados por Menéndez Pidal en *Adefonsus...*, *op. cit.*, pp. 255-256. En cuanto a Sisnando ben Davídiz, Dozy le cree originario del castillo de Alafoens en Portugal, curioso enclave cristiano e independiente en virtud de un pacto con Musà: *Historia de los musulmanes*, IV, *op. cit.*, p.14. Sobre Sisnando, *vid.* Menéndez Pidal y García Gómez: "El conde mozárabe Sisnando Davídiz y la política de Alfonso VI con los taifas", en *Al-Andalus*, 12, 1947.

[260] *Crónica latina*, edición de Cabanes, p. 17; *Primera Crónica General*, cap. 867, p. 538; Jiménez de Rada: *De Rebus...*, VI, 22, p. 136.

[261] Por ejemplo, el barrio luego llamado de Francos y antes "barrio del Sultán" en los documentos mozárabes, que seguramente sería de al-Qadir y del que Alfonso dispuso muy pronto para sus donaciones regias. Conf. Jiménez de Rada: *De Rebus...*, lib. VI, cap. XXII.

[262] *Kitab al-Iktifa*, edic. Dozy: *Scriptorium arabum loci de Abbadidis*, II, p. 18; citado por Menéndez Pidal en *La España del Cid*, II, *op. cit.*, p.21; A. Huici: *Las grandes batallas...*, *op. cit.*, p. 37 y n. 1. Sobre el valor efectivo de esta suma, Biskho: *op. cit.*, pp. 104 y ss.

cho propio[263] y desde luego no hay noticia de que se concentraran en un barrio especial para ellos, ni voluntaria ni forzosamente; en una morería, al contrario de los hebreos, que tenían su judería propia. Este diferencia es lógica ya que, siendo antes la población más numerosa, y además la que mandaba en la ciudad, tendrían sus viviendas esparcidas por toda ella. En todo caso parece que los más destacados políticamente o los que tuvieron mayores medios salieron de Toledo y los que se quedaron fueron gentes modestas en su mayoría, a juzgar por los documentos mozárabes inmediatos a 1085, publicados por González Palencia[264].

Dejando sin duda tiempo a al-Qadir para preparar su viaje, Alfonso demoró su entrada en la ciudad hasta el 25 de mayo, plazo que también aprovecharían los que optaron por la emigración. El débil nieto de al-Ma'mun se aposentó provisionalmente en la Huerta del Rey, consultando incesantemente su astrolabio para elegir el mejor día para la partida, ante las burlas de los cristianos que le escoltaban y el dolor de sus fieles, según refiere Ibn Bassam. Al fin se trasladó a Santáver, origen del poder de su linaje, y desde allí a Valencia, donde se mantuvo con el apoyo militar de Álvar Fáñez y el Cid durante siete años. En Valencia, precisamente, le asesinaron los hijos que habían sobrevivido de su antigua víctima, Ibn al-Hadidi[265].

A partir de la conquista, el hijo de Fernando I se titulará en los documentos como *Toletani imperii rex et magnificus triumphator*. Y esta afirmación documental se corresponde con la gran resonancia que, tanto en la España cristiana como en la islámica tendría la conquista para unos y la pérdida para otros, de la que fue capital de la Hispania Visigótica. Poéticamente, quien mejor recogió este acontecimiento fue el alfaquí y asceta toledano Abu Muhammad 'Abd Allah al-Tulaytuli, en una elegía que se hizo famosa.

"Oh, habitantes de al-Andalus, arread vuestras monturas / pues quedarse así sería una locura. / El tapiz se deshila por sus bordes / pero veo que el de la Península se pierde por el centro. / Estamos entre miles de enemigos que nunca nos abandonarán; / ¿cómo será posible la vida, con serpientes en el mismo panal?". Murió este autor conociendo bien las consecuencias —en parte provisionales todavía— de la conquista, el año 1094[266].

---

[263] A. García Gallo: "Los fueros de Toledo", en *A.H.D.E.*, XLV, 1975, p. 410.

[264] *Los mozárabes de Toledo en los siglos XII y XIII*, 1929-1930, vol. preliminar y documentos citados en el apartado referente a los musulmanes.

[265] E. Flórez: *España Sagrada*, en *Anales Toledanos*, XXIII, p. 385; *Cronicón Lusitano*, en *ibidem*, p. 405.

[266] H. Peres: *La Poesie andalouse en arabe classique au XI siècle*, París, 1937, 1953, p. 100, citado por Terés en *Le développement...*, *op. cit.* pp. 83-84 y por García Gómez en *El libro de las banderas de los campeones...*, *op. cit.*, p. 196.

Pero una de ellas al menos, no la esperaban los castellanos. Al caer Toledo, los acobardados reyes de taifas restantes reiteraban sus peticiones de ayuda al almorávide Yusuf. Y al año siguiente, 1086, Alfonso era derrotado en Sagrajas[267] .

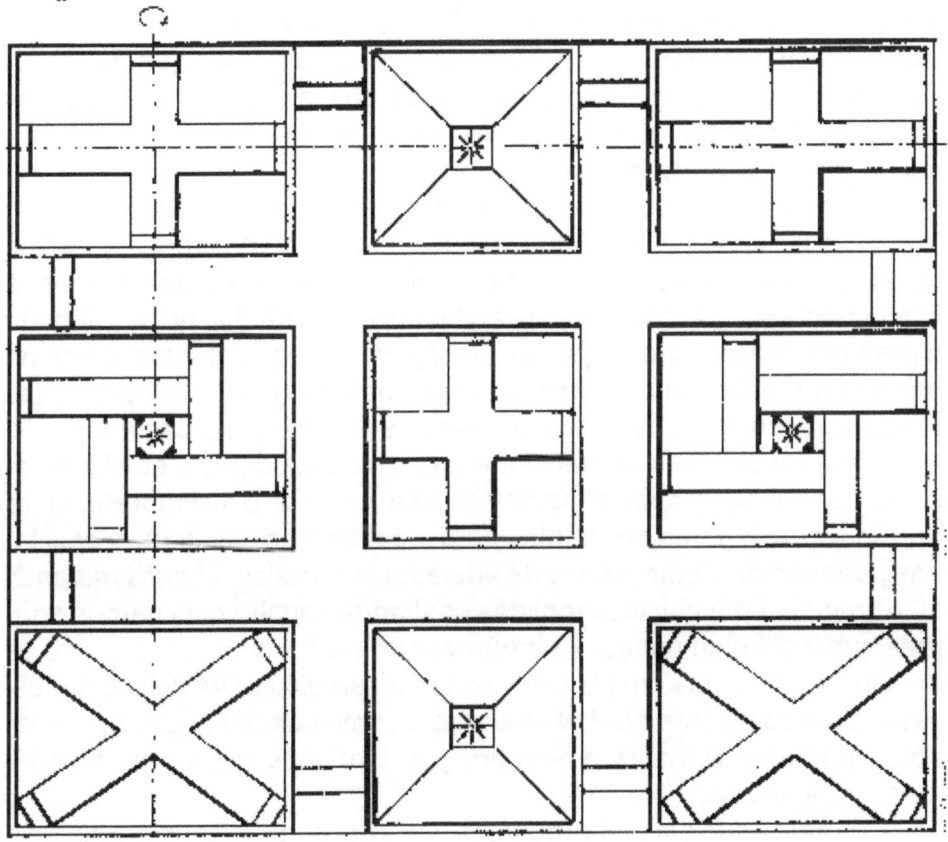

Bóvedas de la Mezquita de Tornerías

---

[267] Un nuevo relato de esta batalla en las *Memorias* del rey 'Abd Allah de Granada, quien participó personalmente en ella, aunque, curiosamente, no la da demasiada importancia. *Vid. El siglo XI en 1ª persona, op. cit.,* pp. 202 y ss. El estudio, ya clásico, de esta batalla, en A. Huici: *Las grandes batallas de la Reconquista, op. cit.,* pp. 18-19. Es también valioso el capítulo que dedica a este encuentro M. Terrón Albarrán: *El solar de los aftásidas,* Badajoz, 1971, pp. 131 y ss.

Las consecuencias ulteriores caen fuera de nuestro actual campo de estudio. Un excelente trabajo sobre ello se publicó en *Toletvm,* 16, 1984, de Francisco J. Hernández: "Los mozárabes del s. XII en la ciudad y la iglesia de Toledo".

CONCLUSIONES

La lectura de las páginas precedentes lleva a una conclusión inicial un tanto decepcionante: casi todo lo que sabemos sobre la ciudad de Toledo en la época musulmana consiste en noticias externas, epidérmicas casi, de la vida en ella a través de cuatro siglos. Excepto en lo referente al período taifa, las fuentes no nos dicen casi nada sobre la organización interior, vida social, clanes o familias destacadas, cultura, construcciones o economía. La mayoría de los interrogantes que afectan a estos temas quedan sin respuesta, o éstas son mucho menos explícitas de lo que desearíamos saber sobre la vida personal y colectiva de los toledanos, a través de tan largo período.

La causa de esta penuria de noticias es evidente si atendemos al origen de los textos disponibles: están escritos "desde fuera" y muchas veces por los enemigos de la ciudad. Si hubo relatos o descripciones compuestas por toledanos o por habitantes de su interior, no han llegado a nosotros. Era de esperar que la historiogafía de al-Andalus tomara como motivo central la corte de Córdoba, las batallas con los cristianos y las frecuentes rebeldías de sus gobernadores, las intrigas palaciegas y los problemas sucesorios de sus monarcas. Lo que sucediera en el interior de Toledo, ciudad y distrito insumisos casi siempre, o se ignoraba fuera de ella o eran hechos execrables para los cronistas palatinos, y casi todos pertenecían a este gremio de aduladores oficiales. *Mutatis mutandi*, lo mismo sucedía con los cronistas cristianos, mucho más parcos además que los musulmanes. Y ningún vecino de Tulaytula parece que se haya ocupado de historiar la vida que se desarrolló dentro de sus muros, salvo cuando los Banu Di l-Nun acogen, como sus enemigos cordobeses, a poetas y a juristas, a teólogos y a científicos, cuyas obras podemos utilizar todavía.

Analizando sin embargo tales noticias, aunque sean parciales o poco explícitas, hallamos lo siguiente:

1º Si se admite, como lo ha hecho el propio Sánchez-Albornoz, la fecha tradicional del 11 de noviembre de 711 como el día en que conquistó Tariq a Toledo, la ciudad estuvo en poder de los musulmanes hasta el 24 de mayo de 1085, víspera del día en que entró en ella Alfonso VI. En total, 372 años, 6 meses y 13 días regidos por la ley coránica.

Dentro de este largo período, los toledanos vivieron en rebeldía contra el poder central nada menos que 164 años por lo menos. La etapa más larga de independencia, 77 años (1009-1085) culmina al desaparecer el califato y constituirse el reino de taifas bajo su dinastía beréber. La siguiente en duración (52 años), y que antecedió cronológicamente (881-932) a la anterior, fue regida por diversos caudillos, a veces solamente jefes militares al parecer, elegidos por lo visto con el asentimiento popular. La época más influida por sucesos externos a la ciudad es, posiblemente, la que estuvo gobernada por la familia de los Banu Musa y termina porque el interés político de los toledanos los derroca por la violencia y los sustituye con otros dirigentes más útiles. Uno de ellos, por cierto (Lope b. al-Tarbisa), de posible origen mozárabe, y que gobernará a la ciudad en dos etapas distintas.

2º Lo que no sabemos es cómo y quién elegía a estos jefes de la ciudad, ni si en ésta había una especie de grupo dirigente que, cuando las circunstancias lo hacían necesario, buscaba un nuevo "condottiero" para capitanear sus fuerzas, aunque en épocas de paz asumiría funciones más amplias. Se conocen casos en que tal jefe, caudillo popular o luchador a sueldo, fue entregado como precio de la paz a las tropas de Córdoba por los propios toledanos, inevitablemente para ser ejecutado como castigo por dirigir la rebeldía. ¿Se produjo esta traición a su caudillo por una revuelta popular? ¿Fue destituido por ese supuesto órgano dirigente sin que pudiera rebelarse –por carecer de tropas propias, leales sólo a él– o huir? Parece que en estos casos su autoridad desaparecía, cuando se le detenía con facilidad y, al entregarle, se le condenaba a muerte a muy corto plazo, usándole como chivo expiatorio de culpas colectivas. ¿Sabían a lo que se exponían al aceptar el cargo, pero asumían tal riesgo como una eventualidad previsible?

3º No parece probable una elección o una destitución de los gobernantes por un procedimiento realmente popular, digamos "democrático", entre comillas. No era así la época ni las costumbres árabes se ajustaban a tales sistemas. Parece más acertado deducir que hubiera un grupo, a veces sólo latente, a veces organizado, de jefes de familias o de tribus, de hombres influyentes que actuaba cuando había situaciones graves y asumía la dirección efectiva de la ciudad; para elegir un caudillo (emir o príncipe de Toledo, lo titulan las fuentes cordobesas) como gobernante pleno o como jefe militar, así como para destituirle si lo juzgaban necesario. Incluso sacrificándole si se condicionaba a ello la paz para la ciudad, bien atrincherada detrás de sus murallas pero incapaz de resistir un asedio prolongado.

Una noticia recogida por al-Razi de un toledano testigo de la rendición de 932 parece confirmar la existencia de una organización ciudadana con tales facultades. Una de las condiciones aceptadas por 'Abd al-Rahman III al rendirse Toledo fue que "no nombraría sino a nuestros mejores *por acuerdo de nuestra comunidad* que el sultán no impugnaría". No parece probable un acuerdo asambleario, tomado en algo parecido a los concejos abiertos por los que se regían los municipios cristianos, sino una deliberación de los jefes naturales de clan y de los cargos directivos del momento, cuyo acuerdo era seguido por las tribus a quienes representaban y, por tanto, obedecido por toda la comunidad.

El caso extremo de estas destituciones es el de Muhammad b. Isma'il, pariente de los Banu Musa designado por éstos como gobernador de Toledo, al que se le asesinó dentro de la población (no sabemos por quién) cuando se advirtió el irremediable declive de su familia. Asesinato seguido, por cierto, de una curiosa invitación a Alfonso III, en aquellos momentos el rey más poderoso de la España cristiana, para que visitara la ciudad, ofreciéndole en ella regalos –para usos religiosos, por lo que procederían de la comunidad mozárabe-, que parecen presagiar los tributos de los taifas para conseguir una protección frente a otros principales vecinos. En tales fechas, sólo frente a Córdoba.

4º Aunque hubiera en esta ciudad gobernadores nombrados por el califa de Damasco, emires o califas autónomos, el enemigo de los toledanos durante siglos era el estado cordobés. ¿Rencillas entre la que había sido capital visigoda, suplantada por una capital nueva, estimada como advenediza por los toledanos? ¿Simple deseo de autogobierno frente a quien mandase, que era naturalmente el gobierno de Córdoba? Ambos sentimientos debieron influir en estas rebeldías constantes, que se olvidan por los toledanos al recobrar, según dicen las fórmulas legales ("regnante en Toleto", "Imperator toletanus") expresadas en los documentos regios, la capitalidad de la España cristiana. En cambio, al caer el califato hay un intento desde Toledo para reconstruirlo a favor de su dinastía propia, lo que consigue en parte Almamún pero que se frustra por ser asesinado en 1075.

5º Por el mismo o por parecido procedimiento a como elegían a diversos caudillos para dirigir la ciudad, invitaron hacia el año 1036 (desaparecido ya el califato y sin cabeza al-Andalus, dato importante) a un próximo vecino, cuyo poder iba en aumento y que se convirtió en rey efectivo: Isma'il b. Di l-Nun "al-Zafir". Con él desaparece, o se olvida, aquella libertad de elegir a sus gobernantes, sucediendo a al-Zafir pacíficamente, sin oposición alguna que sepamos, por quién o quiénes su hijo y luego el nieto de éste. La huida de al-Qadir y la invitación para sustituirle al rey de Badajoz –única posibilidad de defenderse frente a Castilla– recuerdan, por última vez, aquella vieja costumbre de tener un gobernante electivo, jefe propio y con sede en Toledo; pues no fue una anexión de la taifa toledana a la de Badajoz, sino, a lo sumo, la asunción de un trono doble por el rey aftasí, que vivió en Toledo y tuvo aquí su corte durante su efímero reinado.

6º ¿Qué influencia política tienen, aunque sea de hecho, los mozárabes toledanos? Parece que muy escasa, pues sólo uno de aquellos caudillos, Lope al-Tarbisa, pudo serlo de origen pero seguramente no de religión. Sin tener en cuenta, por ser un fenómeno general, la huida en 711 y años inmediatos, se documentan tres emigraciones hacia el Norte de mozárabes toledanos: en 757, 784 (fecha dudosa) y 893, pero ninguna en los siglos X y XI. Ello parece indicar que su vida en Toledo era ya soportable, o bien que las conversiones al islamismo redujeron su número y los que quedaron se adaptaron a una situación subordinada.

La sucesión episcopal no se interrumpió desde 737 hasta el año 926, según la completa lista que contiene el *Códice Emilianense*, que termina en este año indicando que en él falleció el metropolitano Juan. No hay noticias de sucesores suyos hasta 961 en que, reinando al-Hakan II, se cita por tres veces a otro prelado, 'Ubayd Allah ibn Qasim, según le llama al-Maqqari. Su nombre aparece por última vez diez años después, en 971, en los anales palatinos del mismo califa, sin que tengamos otras noticias de él que ciertas actuaciones diplomáticas al servicio del califato y todas fuera de su sede, que tampoco sabemos con plena seguridad si fue siempre la de Toledo.

Por fin, en 1058, se consagra en León al último prelado mozárabe de la vieja sede primada, llamado Pascual. Nueve años después, en 1067, vivía aún y ejercía su ministerio, según hizo constar su arcipreste Salomón, copista de obras ildefonsianas. No consta su fallecimiento, que sería cercano a 1080 pues en este año hizo gestiones Alfonso VI cerca del Papa para nombrar un arzobispo para su futura capital.

Es decir, dos prelados conocidos para todo el siglo X y uno sólo para el XI. Cuando había obispos es que había fieles, mozárabes como sus prelados; e incluso una organización diocesana, como vemos por el arcipreste mencionado, miembro de un "scriptorium" donde se copiaban códices, no sabemos para quién. Si había muchos o pocos fieles, lo ignoramos, pero en Toledo los encontró Alfonso VI, con dos iglesias por lo menos con culto cristiano, Santa María de Alficén y Santa Justa; y en 1101 les otorgó un fuero respetando su derecho visigótico y expresándoles su afecto, prueba de la fidelidad que encontró en estos cristianos, arabizados en sus costumbres y su lengua pero no en su religión. Ellos fueron, además, los principales beneficiarios de los bienes dejados por los musulmanes que abandonaron la ciudad, comprados o simplemente ocupados por los que, hasta 1085, habían sido sus inferiores en rango. Algunos, tal vez herederos directos de los visigodos desposeídos a partir de 711 y que aprovecharían rápidamente la nueva situación para recuperar lo que fue de su familia.

En todo caso debemos desechar de una vez la suposición de que Toledo fue una república mozárabe en alguna época. Las fuentes no indican nada en este sentido, ni tampoco mencionan ayudas a Alfonso VI en su conquista de Toledo, aunque su expresión afectuosa en 1101 (dieciséis años después) podría tener tal causa, o bien expresar gratitud por ayudas posteriores.

7º Muchas menos noticias aún tenemos de los hebreos toledanos, de los que no se ocupaban por lo visto ni los musulmanes de Córdoba ni los cristianos de León. Sólo dos se refieren a ellos: la encomienda de la custodia de la ciudad en 711, y el amurallamiento de su barrio propio en 820. Cuando ocupaban un barrio es que eran numerosos; pero no sabemos cuántos, ni cómo transcurrió su vida en casi cuatro siglos de dominación musulmana; suponemos que sería parecida a la que registran los documentos mozárabes.

8º En cuanto a la organización interna de la ciudad, sólo nos han llegado algunos datos a través de la capitulación pactada con 'Abd al-Rahman III el año 932. Existís un aparato administrativo, sin duda el habitual de las ciudades musulmanas y que el califa permitió que siguieran eligiendo libremente los toledanos. Sistema éste opuesto al de las otras ciudades de sus dominios, pero que se respetó aquí como medida prudente, ya que lo venían haciendo en su larga etapa insumisa. No sabemos si se respetó esta autonomía mucho tiempo, aunque el gobernador fue inmediatamente nombrado por el califa y no elegido. Los documentos mozárabes más cercanos a 1085 y la documentación latina de la misma época recogen los nombres de diversos cargos municipales (alguaciles, cadíes (alcaldes), amines, alcalde de los adules, almojarife, etc.) continuadores del pasado islámico pero que se van transformando en meros tratamientos honoríficos. Y en la ciudad musulmana hubo, naturalmente, ricos y pobres, caballeros e infantes, gente del vulgo y "personas de otra condición" (no sabemos si por su sangre o por su riqueza) como anotó el historiador al-Razi. Por cierto que el último gobernador electivo de la ciudad en 932, el "emir y jefe" Ta'laba b. Muhammad, fue más afortunado que varios de sus predecesores en el cargo, pues al disculparse ante el emir cordobés, éste "le perdonó, amnistió y trató favorablemente", lo que ni él mismo debía esperar.

9º ¿Qué territorio, o alfoz, dependía de Toledo antes de 1036? Sometida la ciudad y, sobre todo, sus alrededores, a frecuentes incursiones y razzias del ejército regular, sus límites eran naturalmente variables. Las fuentes suelen citar como parte del territorio insurgente a Alamín, Calatalifa, Magerit, a veces Talamanca por el norte, lo que llevará aquellos límites a la cordillera Central, frontera con los cristianos. Por el Oeste, Talavera estaba bien fortificada y no dependía siempre de Toledo, pues estaba sujeta a Córdoba por lo general; tampoco Uclés pertenecía a Toledo, sino al distrito colindante de Santáver, siendo Mora y su castillo el punto fuerte más alejado de la ciudad en esta dirección, cuyo alcaide nombraban los toledanos. La torre de Guadalerzas pertenecía unas veces a Toledo y otras dependía de Calatrava, fiel al emir. Los Montes debieron ser la zona fronteriza por el Sur, poco poblada y con dos fortalezas al menos, la "Torre de los Moros" en Peña Aguilera, centinela del puerto de Alover, y el edificio fuerte que dio origen al castillo de Montalbán. En la época taifa, Calatrava, Alcalá, Canturias y Zorita marcarán los puntos extremos del sistema defensivo de la ciudad, este último apoyo intermedio en Oreja y Aceca.

Los territorios más ricos, donde los toledanos obtenían buenas cosechas de trigo, azafrán y frutales estaban, naturalmente, en las vegas del Tajo, desde Oreja hasta al menos Montalbán; mientras que la Sagra al norte y las tierras que riega el Guadarrama y el Jarama enviaban sus productos a la ciudad rebelde, el centro consumidor más importante de la Marca Media y a cuya influencia estarían más o menos sometidas.

Sí es conocida, en cambio, la extensión del reino regido por Almamún, que llega hasta Valencia y que no precisa de más comentario que su vinculación a una sola persona, prueba de una unión artificial y sostenida mientras se poseyeran fuerzas y decisión para mantenerle unido.

10° La ruta militar desde Córdoba hacia los reinos cristianos, por el camino más corto, cruzaba de Sur a Norte este territorio. Desde Calatrava, por las Guadalerzas y siguiendo el cauce del Algodor, subía por la vieja calzada romana hacia Medinaceli y la Marca Superior. Estuviera rebelde o sometida Toledo, no podía impedir este paso del ejército oficial, que se aposentaba en la ciudad, la atacaba o pasaba de largo, según las circunstancias. Precisamente esta situación y la posesión de un puente sólido sobre el obstáculo natural del Tajo, eran el primer problema a resolver en cada expedición guerrera. A la vez había evidentes razones de prestigio para la autoridad que desconocían, lo que naturalmente beneficiaba a leoneses y castellanos, así como a los rebeldes de Tudela. Al terminar su independencia de Córdoba, en 932, las expediciones oficiales atacarán ya directamente el territorio cristiano.

Es decir, la frecuente insumisión de la ciudad fue sumamente beneficiosa para los reinos cristianos. No cerraba, como decimos, la ruta por Medinaceli, pero sí la del Guadarrama. La gran expedición cordobesa que termina desatrosamente en Alhandega tomó precisamente la ruta de Toledo por el valle del Guadarrama, cuando la ciudad estaba ya bien controlada por el califa, pero no antes. La necesidad de alojar a un ejército numeroso y aprovisionarlo debidamente podía atenderse si se disponía a mitad de camino de una ciudad con recursos para ello; y el itinerario directo desde Calatrava a Medinaceli sólo pasaba por poblados sin importancia. Ir por Talavera desde Córdoba suponía una desviación considerable, aumentando mucho el tiempo, impidiendo toda sorpresa y elevando los gastos de la campaña.

La misma función de "estado-tapón" tendrá, aunque en dirección inversa, el reino taifa de los Banu Di l-Nun. Desaparecido este obstáculo en 1085, "al deshilarse el tapiz por su centro", al-Andalus quedará a merced del rey cristiano y precisará de la ayuda almorávide para sobrevivir, aun a costa de la caída de sus reyes autónomos.

11º En el aspecto cultural, los años anteriores a la época taifa son también muy parcos en noticias, que sólo puede a veces facilitarnos la arqueología. Una reconstrucción, al menos, del puente de Alcántara; reparación del alminar de la mezquita mayor, absorbiendo una iglesia contigua, lo que modificaría la vieja basílica visigoda más aún de lo que el uso islámico hizo necesario; erección de nueva planta de varias mezquitas (Valmardón, El Salvador, San Sebastián, Pozo Amargo, San Lorenzo...); dos palacios regios, uno en Santa Fe, que aprovecharía el que fue de Rodrigo, y otro en la Huerta del Rey, así como el castillo de 'Amrús que parece probable que ocupara el Alcázar. Y otras obras militares como el Alficén o alcazaba, la puerta de Bisagra, del Vado, Alcántara, Cambrón o Doce Cantos, así como refuerzos en las murallas como el torreón de los Abades. Obras en su mayor utilitarias, aunque sean excepcionales la mezquita de Valmardón y lo fuera tal vez el palacio regio.

Después, Ibn Sa'id y los protegidos por su mecenazgo llenan un período brillante en la literatura y sobre todo en la ciencia, en vísperas ya del ocaso definitivo de Tulaytula que, muy pronto, volverá a llamarse Toledo.

REBELDÍAS DE LOS TOLEDANOS FRENTE A CÓRDOBA

FECHAS	DURACIÓN	CAUDILLO O JEFE DE LA CIUDAD	FINAL DE LA REBELIÓN POR	EMIR O CALIFA
760-764	5 años	Hišam b. 'Udra al-Fihrí, gobernador sublevado	Rendición	'Abd al-Rahmân I
785	1 años	Abû b. Aswad b. Muhammad, hijo de Yusuf	¿Rendición?	'Abd al-Rahmân I
788-789	2 años	Gâlib b. Tamâm, sublevado	No consta	Hišam I
789-791	3 años	Sulaymân b. 'Abd al-Rahmân I, gobernador	Rendición	Hišam I
797-798	2 años	Ubayda b. Humayd y Girbib b. 'Abd Allâh, caudillos	Rendición	al-Hakam I
811-814	4 años	Desconocido el jefe rebelde	Toma de la ciudad por sorpresa	al-Hakam I
820-?	1? año	Muhâyir ibn al-Qâtil, caudillo	No consta	al-Hakam I
829?-837	9 años	Ibn Muhâyir, caudillo	Asalto	'Abd al-Rahmân II
852-859	8 años	Se ignora el primer jefe, 2º, Lope b. Mûsâ	Rendición	Muhammad I
875	1 años	Se ignora	Rendición	Muhammad I
881?-882	2 años	Muhammad ibn Lupp	Rendición	Muhammad I
888	52 años	Lubb b. Al-Tarbîða		
897	52 años	Lubb ibn Muhammad ibn Lubb		'Abd Allâh
898-905	52 años	El mismo y su pariente Mutarrif		
906	52 años	Muhammad b. Ismâ'îl b. Mûsâ (asesinado por los toledanos)		'Abd Allâh
906-912	52 años	Se desconoce		
912-922?	52 años	Lubb b. al-Tarbîða, caudillo		'Abd al-Rahmân III
932	52 años	Ta'laba b. Muhammad, caudillo	Rendición	'Abd al-Rahmân III
1009	77 años	Un hijo de Ibn 'abd al-Yabbâr, Ibn Kawtar		Muhammad II
1010-1036?	77 años	Yaiš b. Muhammad	(*Fitna* y supresión del califato de Córdoba)	
1036-1080	77 años	Familia Dî l-Nûn, reyes de taifas		
1080-1081	77 años	Al-Mutawakkil de Badajoz, rey		
1081-1085	77 años	Al-Qâdir, rey	Rendición ante Alfonso VI	

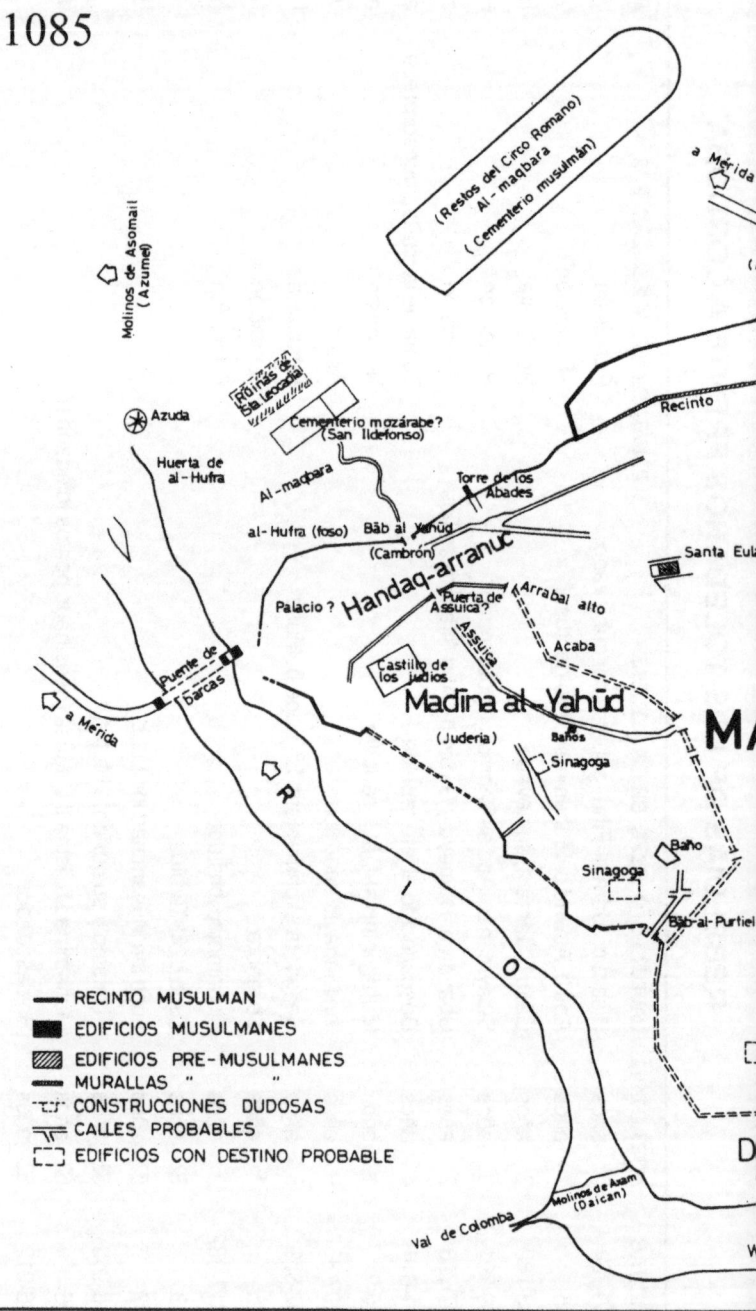

TOLEDO
MUSULMANA
1085

(Restos del Circo Romano)
Al - maqbara
(Cementerio musulmán)

a Mérida

Molinos de Asomail
(Azumel)

Recinto

Azuda

Rüinas de
Sta Leocadia

Cementerio mozárabe?
(San Ildefonso)

Huerta de
al - Hufra

Al - maqbara

Torre de los
Abades

al - Hufra (foso)   Bāb al Yahūd
(Cambrón)

Santa Eula

Palacio ?   Handaq-arranuc

"Puerta de
Assuica?   Arrabal alto

Puente de
barcas

Castillo de
los judios

Acaba

a Mérida

Madïna al-Yahūd   MA

(Juderia)   Baños

R   Sinagoga

Baño

Sinagoga

Bāb-al-Purtiel

I

O

D

Molinos de Azam
(Daican)

Val de Colomba

— RECINTO MUSULMAN
▪▪ EDIFICIOS MUSULMANES
▨ EDIFICIOS PRE-MUSULMANES
▚▚ MURALLAS "   "
⌐⌐ CONSTRUCCIONES DUDOSAS
╤╤ CALLES PROBABLES
⌐⌐ EDIFICIOS CON DESTINO PROBABLE

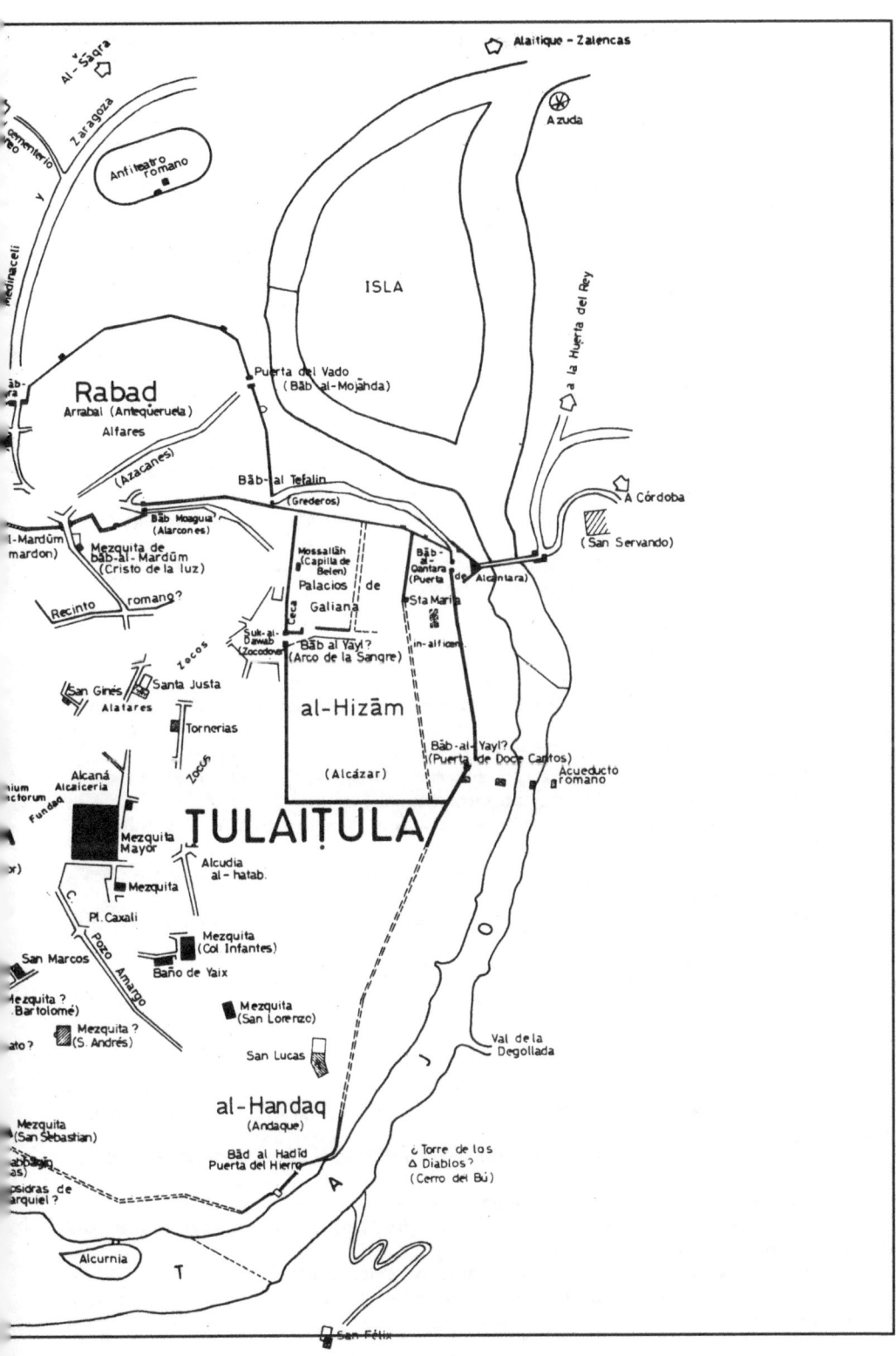

BIBLIOGRAFÍA CITADA

* Abadal, R. de; *La batalla del adopcionismo*, Barcelona, 1949.

* Abuim, Mª. Mercedes; *Cuadernos de Historia de España*,XVI, Buenos Aires, 1951.

* Ahmad al-Razi: *Anales palatinos del califa al-Hakam II según Ibn Hayyan*, traducción de E. García Gómez, Madrid, 1967.

* *Ajbar Maymu'a*, en *Colección de obras arábigas de Historia y Geografía que publica la Real Academia de la Historia*", I, Madrid, 1867.

* Al-Maqqari: *Analectes*, edic. de E. Lafuente Alcántara, 1867.

* Álvarez de Morales, C.; "Aproximación a la figura de Ibn Abi 1-Fayyan y su obra histórica", en *Cuadernos de Historia del Islam*, 9, 1978-9.

- *Ibidem*; *El Libro de la Almohada de Ibn Wafid de Toledo*, Toledo, 1980.

- *Ibidem*; "Muerte del emir toledano 'Abd al-Rahman II", en *Toletum*, núm. 14, 1984.

* Benito Ruano, E.; "Canales y Perales", en *Anuario de Estudios Medievales*, 2, Barcelona, 1965.

* Bisckho, Ch. J.; *Fernando I y los orígenes de la alianza castellano-leonesa con Cluny*, en *Cuadernos de Historia de España*, XLVII-XLVIII, 1968.

* Chalmeta P.; *El señor del zoco en España*, Madrid, 1973.

- *Ibidem*; "Concesiones territoriales en Al-Andalus", en *Cuadernos de Historia*, 6, 1975.

* *Crónica Albeldense*, edición de Gómez Moreno en *B.R.A.H.*, C, 1932.

* *Crónica del moro Rasis*, edición de P. Gayangos, en *Memorias de la Academia de la Historia*,VIII,

* *Crónica mozárabe de 754*, edic. y traduc. de J. E. López Pereira, Zaragoza, 1980.

* Dozy; *Historia de los musulmanes en España*, 1920.

- *Ibidem*; *Recherches*, 1849.

* *Ibidem*; *Fath al-Andalus*, traducción de González

* Flórez E.; *España Sagrada*.

*García Gallo, A.; "Los fueros de Toledo", en *A.H.D.E.*, XLV, 1975

*García Gómez, E.; *El libro de las banderas de los campeones de Ibn Sa'id al-Magribi*, Barcelona, 1978, 2ª ed.

* García de Valdeavellano, L.: *Historia de España*

* García Villada, Z.; *Catálogo de códices y manuscritos de la C. de León*, Madrid, 1919.

*Gómez Moreno, M.; *Iglesias mozárabes*, Madrid, 1919.

- *Ibidem*; "Las primeras crónicas de la Reconquista: el ciclo de Alfonso III", en *Boletín de la Real Academia de la Historia*, C, 1932.

* Granja, F. de la ; "La Marca Superior en la obra de al-Udri", en *Estudios de Edad Media de la Corona de Aragón*,VIII.

*Hernández, Francisco J.; "Los mozárabes del s. XII en la ciudad y la iglesia de Toledo", en *Toletvm*, 16, 1984.

* *Historia de España*; dirigida por Menéndez Pidal.

**Historia Silense*, edic. de Pérez de Urbel, Madrid, 1959.

* Huici.A.; *Las grandes batallas de la Reconquista*.

*Ibn al-Atir; *Kamil*, traducción de Fagnan.

*Ibn 'Idari: *Bayan al Mugrib*, traducción de Fagnan.

* Ibn al-Qutiyya: *Iftitah al-Andalus*, traducción de Ribera.

*Ibn Hayyan de Córdoba; *Muqtabis*, traducción de Mª. J. Viguera y F. Corriente, Zaragoza, 1981.

- *Ibidem*;*Muqtabis*, traducción de Guraieb en *Cuadernos de Historia de España*, XXVIII, 1958.

* Jiménez de Rada; *De rebus Hispaniae*.

*Levi-Provençal, E. y García Gómez, E.; *El siglo XI en 1ª persona (memorias de 'Abd Allah, último rey zirí de Granada)*, Madrid, 1980.

* Lomax, Derek W.; *La Reconquista*, Barcelona, Crítica, 1984.

* Mayid Naanahi, Abdul; *Los Banu Di 1-Nun de Toledo* (tesis), Universidad Complutense, Madrid, 1961.

* Menéndez Pidal, J. : "Ideas para un observatorio-museo de Alfonso X en Toledo", en *Bellas Artes / 73*, núm. 27, noviembre 1973.

* Menéndez Pidal, R.; *La España del Cid*,

- *Ibidem*; "Adefonsus Imperator Toletanus..." en *Historia y Epopeya*, Centro de Estudios Históricos, Madrid, 1934.

* Menéndez Pidal, R. y García Gómez, E.; "El conde mozárabe Sisnando Davídiz y la política de Alfonso VI con los taifas", en *Al-Andalus*, 12, 1947.

* Millás Villacrosa, J. M.; *Estudios sobre Azarquiel*, Madrid, 1943-50.

*Moxó, S. De; *Repoblación y sociedad en la España cristiana medieval*, Madrid, 1979.

* Ocaña Jiménez, M.; "Inscripción fundacional de la mezquita de Bib al-Mardum, en Toledo", en *Al-Andalus*, XIV, fasc. 1, 1949.

* Oliver Asín, J.; *Historia del nombre "Madrid"*,

* Orlandis, J. : *La España visigoda*, Madrid, 1977.

* Peres, H.; *La Poesie andalouse en arabe classique au XI siècle*, París, 1937, 1953.

* Pérez de Urbel, F. J.; *Historia del Condado de Castilla*, Madrid, 1944.

- *Sampiro, su Crónica y la monarquía leonesa en el siglo X*, Madrid, 1951.

* Porres Martín-Cleto, Julio; "La iglesia mozárabe de Santa María de Alficén", en *Historia mozárabe*, Toledo, 1978.

Ibidem; *Historia de las calles de Toledo*, Toledo, 2002, 4ª edición.

* Prieto Vives: *Los Reyes de Taifas*, Madrid, 1929.

* Ramírez de Arellano, R.; "San Sebastián, de Toledo", en *Toledo*, núm. 98, 30 de marzo 1918.

* Ríos, José A. de los : *El arte latino-bizantino y las coronas de Guarrazar*, Madrid, 18??.

* Rivera Recio, J. F.; *Elipando de Toledo*, Toledo, 1940.

- *Ibidem*; *La iglesia de Toledo en el siglo XII*, Roma, 1966.

* Rodríguez, J.; *Ramiro II, rey de León*, Madrid, 1972.

- *Ibidem*: *Los arzobispos de Toledo desde sus orígenes hasta fines del siglo XI*.

* Román, P.; "La muralla de Zocodover" en B.R.A.B.A.C.H.T., 59, 1944.

* Saavedra, E.; *Estudio sobre la invasión de los árabes en España*, Madrid, 1892.

* Sánchez-Albornoz, C.; "Itinerario de la conquista de España por los musulmanes", en *Cuadernos de Historia de España*, X, 1948.

- *Ibidem*; "La saña celosa de un arabista", en, *C.H.E.*, XXVIII, 1958.

- *Ibidem*; "La epístola de san Eulogio y el Muqtabis de Ibn Hayyan", en *Príncipe de Viana*, 72-73 (Pamplona, 1958).

- *Ibidem*; *Despoblación y repoblación del valle del Duero*, Buenos Aires, 1966.

- *Ibidem*; *La España musulmana*, Madrid, 1973.

- *Ibidem*; *Vascos y Navarros en su primera historia*, Madrid, 1976, 2ª edición.

- *Ibidem*; *El reino de Asturias*, Oviedo, 1972, 3 vols.

- *Ibidem*; *La batalla del Guadacelete*

* Santiago, E. de; "Los itinerarios de la conquista musulmana de Al-Andalus a través de una nueva fuente: Ibn al-Sabbat", en *Cuadernos de Historia del Islam*, 3, 1971.

* Simonet, F.; *Historia de los mozárabes de España*, Madrid, 1903.

* Suárez Fernández, L.; *Historia de España antigua y medieval*, Madrid, Rialp, 1976.

* Terés, E.; *Al-Andalus*, XXV y XXIX, 1960 y 1964.

- *Ibidem*; "Le developpment de la civilisation arabe a Toledo", en *Cahiers de Tunisie*, vol. 18, 69-80 (1970).

* Terrón Albarrán, M.; *El solar de los Aftásidas*, Badajoz, 1971.

* Torres Balbás, L.; *Ciudades yermas de la España musulmana*,

- *Ibidem*; "La medina, los arrabales y los barrios", en *Al-Andalus*, XVIII, 1953.

- *Ibidem*; "La progenie hispano-musulmana", en *Al-Andalus*, III.

* Vernet, J.: *La cultura hispano-árabe en Oriente y Occidente*, Barcelona, 1978.

- *Ibidem*; *El Islam y Europa*, Barcelona, 1982.

* Watt, Montgomery, *Historia de la España islámica*, Madrid, 1970.

INDICE ONOMÁSTICO

Dada la diversidad de criterios que han seguido los autores que han tratado de al-Andalus en la trascripción de grafías árabes, y la escasa aportación de las mismas a la comprensión del contenido de este libro, hemos decidido castellanizar el amplio catálogo onomástico que recoge nuestro texto, al modo que en su momento hicieron Menéndez Pidal y Sánchez Albornoz.

ÍNDICE